한국의 진보를 비판한다

한국의 진보를
비판한다

김기원 지음

창비

책머리에

이명박정권이 끝나가고 있다. 민주주의가 후퇴하고, 민생경제가 어려워지고, 남북관계가 파탄났던 시대가 종언을 고하고 있는 것이다. 그러나 이명박정권이 끝난다 해서 반드시 바람직한 정권이 들어선다는 보장은 없다. 총선승리의 여세로 대선까지 거머쥘 가능성이 높은 새누리당의 모습을 보라. 긍정적 가치를 구현하려 하기보다 구태의연한 색깔론을 퍼붓는 수구적 보수 경향이 점점 짙어지고 있다.

민주통합당을 비롯한 야권은 또 어떤가. 이명박정권에 대한 국민의 혐오증에만 의존해 진정성, 비전, 전략을 제대로 보여주지 못함으로써 총선에서 패배했다. 그후에도 전열은 그다지 정비되지 않고 있다. 그리고 더 큰 문제가 있다. 혹시 새누리당이 자만한다든가 해서 야권이 대선에서 승리한다 치자. 그렇더라도 이들이 과연 나라를 올바로 이끌어갈 수 있는가 하는 것이다.

우리는 이미 김대중·노무현정권 10년을 겪었다. 물론 이 시기는 보수·수구·남북대결세력이 외쳤던 것처럼 '잃어버린 10년'은 아니다. 나름대로의 성과가 있었다. 하지만 기대에 크게 못 미친 건 사실이다. 이에 대해 일부 진보파처럼 김대중·노무현정권을 그저 비난만 하는 건 쉬운 일이다. 하지만 왜 그렇게 되었는지, 실천 가능한 다른 대안은 없었는지 제대로 따져볼 필요가 있다. 그래야 2013년이든 2018년이든 진보·개혁·평화세력이 집권할 경우에 과거의 오류를 되풀이하지 않을 수 있다.

나는 특히 노무현정권 시기의 이런 문제를 하나의 화두로 삼고 있었다. 김대중정권의 DJP연합처럼 보수세력의 힘을 빌리지 않고도 집권했으므로 기대가 컸기 때문이다. 또한 우리가 경험한 가장 최근의 진보개혁정권이었기 때문이다. 그래서 정권에 참여했던 인사들에게 이것저것 물어보기도 했고, 그들이 쓴 책을 읽어보기도 했다. 그런 가운데 『문재인의 운명』(2011)이 출간되었다. 노무현정권을 본격적으로 다룰 소재가 주어진 셈이었다. 이리해서 그것뿐 아니라 여러 다른 자료들도 참고하면서 내 화두를 풀어보려 한 것이 이 책의 출발점이다. 부디 특정한 정권이나 특정한 인물에 대한 비판과 공격으로 여기지 말아주었으면 한다. 이 책은 나 자신을 포함한 진보개혁세력 전체에 대한 비판과 성찰의 기록이다.

경제학을 전공한 나로서는 노정권의 경제정책 문제에서부터 접근해갔다. 그런데 파고들어보니 경제정책에서의 잘못은 정치문제에서의 잘못과 밀접한 연관성을 갖고 있었다. 정치적 과오로 지지세력을 확보하지 못하니 바람직한 경제정책을 밀고 나갈 수 없고, 그런 정책을 보여주지 못하니 정치적 지지가 약화되는 악순환에 빠졌던 것이다.

이리하여 정치문제 분석에 달려들게 되었다. 그래 보니 노무현정권의 정치력 부재에는 '선거시기'와 '통치시기'의 같은 점과 다른 점을 제대로 분별하지 못한 게 크게 작용했다는 결론에 이르렀다. 정치학자들이 보기엔 엉뚱하게 들릴지 모르겠다. 하지만 정치학자가 하는 얘기를 굳이 나까지 할 필요는 없을 것이다. 그들과 다른 새로운 시각을 한번 던져보고 싶은 마음이다. 이 책의 제1부는 이와 관련된 내용으로 구성되어 있다.

노무현시대를 돌이켜보면서 노정권만이 아니라 진보파에도 많은 문제점이 존재함을 확인했다. 대표적으로 대중의 삶과 정서에 대한 이해 부족, 시장의 의의와 한계에 대한 인식 미흡, 목표를 실현하기 위한 전략전술의 결핍을 들 수 있다. 그리고 이런 문제점은 이명박시대의 한진중공업 사태, 신자유주의 타령, 통합진보당 사태 등에서도 마찬가지로 드러났다. 진보파가 거듭나지 않으면 야권이 어찌어찌해 정권을 잡더라도 전망은 그리 밝지 않은 셈이다. 그게 이 책의 제2부에서 다루는 내용이다.

노무현정권이나 진보파의 근본적 문제점은 한국사회의 3차원적 대립구도를 제대로 파악하지 못한 것과 관계가 있다. '진보↔보수' '개혁↔수구' '남북한 평화협력↔남북한 긴장대결'이라는 복잡하게 뒤엉킨 모순구조를 이해해야 현실 타개의 실마리를 잡을 수 있다. 이런 분석틀을 처음으로 제시하는 터라, 독자들에겐 낯설게 느껴질지도 모르겠다. 하지만 지난날 변혁운동기의 사회구성체론을 우리 현실에 적합하게 부활시킨 모델로 생각해주면 좋겠다. 또 구체적인 현실분석이 뒷받침되고 있으므로 책을 차근차근 읽다보면 납득이 가지 않을까 싶다.

  책의 토대가 된 것은 나의 블로그(http://blog.daum.net/kkkwkim)에 썼던 글들이다. 창비의 백낙청 선생님과 염종선 국장이 그걸 보고 출판을 제의하셨다. 출판을 전제로 쓴 글들이 아니고, 또 전공분야가 아닌 글도 꽤 있어 여러 차례 주저했다. 하지만 내가 다룬 내용은, 비록 틀린 주장이 있을지 몰라도, 적어도 함께 고민할 필요는 있는 사안이라고 판단하기에 이르렀다.

  통상적인 관념과 다른 내용 때문에 이 책의 내용은 논란을 불러일으킬 소지가 적지 않다. 그걸 각오하고 쓴 글들이므로 오히려 뜨거운 논란을 통해 우리 사회의 바른 길을 찾는 노력이 활발해졌으면 한다. 다만 출판사로서는 이런 논란거리들이 부담스러울 수도 있을 것이다. 그럼에도 출판을 강력하게 제의하고 문장을 꼼꼼히 손봐준 편집진에 감사드린다.

2012년 7월
저자 김기원

차례

책머리에 • 004

제1부
노무현정권의 정치력을 돌아본다

1. 노무현은 누구인가 • 013
2. 대연정과 기자실 문제 • 031
3. 대북송금 특검, 이라크 파병, 한미FTA • 046
4. 노무현정권의 인사정책 • 072
5. 검찰 및 언론과의 권력투쟁 • 085
6. 노무현정권과 진보파 • 103

제2부
한국의 진보는 거듭나야 한다

7. 한진중공업 사태를 돌이켜보며 • 125
8. 노동조합과의 충돌 • 149
9. 진보파의 계보를 더듬으며 • 164
10. 현실과 유리된 진보파 • 180
11. 한국사회의 모순과 진보의 길 • 198

참고문헌 • 223

제1부

■

노무현정권의 정치력을 돌아본다

1

노무현은 누구인가

　문재인(文在寅) 의원이 2011년에 자서전 『문재인의 운명』(이하 『운명』)을 출간했다. 자신이 운동권 학생, 그리고 인권변호사로서 어떻게 살아왔는가가 책의 한 부분이다. 자기 가족 이야기도 조금은 다루고 있다. 책의 또다른 한 부분은 그가 노무현 대통령과 변호사 활동, 청와대 운영을 어떻게 함께했던가 하는 내용이다. 퇴임 이후 노 대통령이 이명박정권에 의해 죽음으로 내몰리는 과정도 물론 기술해놓고 있다.
　문의원은 나의 고교선배이기도 해서 그의 개인적인 삶에 관해선 원래 여기저기서 들은 바 있다. 하지만 공수부대 시절 화생방 훈련에서 최우수 표창을 받은 일화처럼 "야, 이런 면도 있었구나" 하는 대목들도 꽤 눈에 들어왔다. 그런데 이 책의 중심은 이런 개인 스토

리라기보다는 역시 노대통령과의 관계다.

문의원은 가급적 정치로부터 거리를 두고자 했던 인물이다. 물론 운동권 학생으로서의 활동이나 87년 6월항쟁 참여처럼 넓은 의미의 정치에는 그도 적극적으로 한몫한 바 있다. 그러나 국회의원이나 시장 등 선출직을 지향하는 좁은 의미의 정치는 계속 피해왔다. 출마를 종용하는 민주당 또는 친구들로부터 도망다녔다고 해야 할 정도다. 자기는 정치인 체질이 아니라고 여겼기 때문이다.

정치는 마약이라고 한다. 교수는 힘들게 논문 쓴다고 알아주는 사람이 많은 것도 아니고 변호사는 서류뭉치 속에 시달리면서 저질 범죄인까지 상대해야 하지만, 정치인은 한건 하기만 하면 곧장 스타로 뜨며 접촉하는 사람도 많다. 인간으로서의 '존재확인'이 확실하게 보장되는 것이다. 그러니 한번 빠져들면 벗어나기 힘든 마약과 같다.

게다가 정치는 개인 또는 집단이 보유한 능력을 총동원해야 하는 종합예술인 동시에 온갖 위험을 내포하는 종합폭탄이기도 하다. 가족 아니 조상 들까지 '신상 털기'를 당해야 하며, 자칫하면 법에 저촉될 수도 있다. 정치인은 교도소 담장 위를 걸어다니는 사람이라는 말도 있지 않은가. 마약과 폭탄 같은 정치의 속성들이 두려웠을 것이다.

하지만 노무현 대통령이 세상을 떠나면서 문의원의 생각은 바뀌어갔다. 그리해 국회의원에도 나섰고 대선을 향해서도 움직인다. 책 제목 '운명'에도, 운명이라면 정치인의 길이라도 받아들이겠다는 뉘앙스가 내포되어 있었던 셈이다. 그리고 그런 의도에서 한편으로는 자기도 알리고 다른 한편으로는 노무현시대를 복기해보고자 한 것이다. 복기함으로써 노대통령을 극복하는 새로운 세상을 열어가고자 하는 의도를 갖고 있다(『운명』 6면). 커다란 쟁점이었던 정책들이 어떻게 결정되었는지 고백한 부분(3장)에서 특히 그런 점이 강조되고 있다.

한국에도 꽤 알려진 미국의 진보적 경제학자 라이시(Robert Reich)가 *Locked in the Cabinet*(1997)이란 책을 저술한 바 있다. 그가 클린턴 정권에서 노동부 장관을 역임하면서 겪은 일을 일기체 형식으로 기록한 것이다. 읽어보면 미국정부가 어떻게 움직이는지 어렴풋하게나마 이해할 수 있다. 라이시 같은 진보파가 정부 내에서 부딪치는 애로도 잘 드러난다. 한국에서도 이런 책이 나오기를 학수고대했는데 『운명』이 거기에 부응한 셈이다.

노무현이나 노무현시대를 다룬 책은 사실 이미 여러 권 세상에 선을 보였다. 대표적으론 『참여정부, 설반의 비망록』(2005), 『있는 그대로, 대한민국』(2007), 『불멸의 희망』(2009), 『성공과 좌절』(2009), 『10명의 사람이 노무현을 말하다』(2010), 『운명이다』(2010), 『진보와 권력』(2011) 등이 있다. 『운명』은 여기다 그저 한권 추가하는 의미밖에 없는 것이 아니다. 권양숙 여사 외엔 노대통령과 가장 가까웠던 정치적 동지의 기록인지라 나름의 특별한 의미가 있다. 또 노대통령 관련 책들 중엔 최고의 베스트셀러다.

그래서 『운명』을 실마리로 삼아, 그리고 다른 책도 참고하면서, 노무현시대를 한번 돌이켜보고자 한다. 물론 지면의 제약 때문에 『운명』은 노무현시대를 깊이 음미하고 있지는 않다. 그래도 노무현시대에 뜨거운 논란을 불러일으켰던 사안들은 대체로 다뤄지고 있으므로 짚어볼 소재는 충분하다. 왜 하필 그때 그런 정책을 취했는지 배경설명이 제시되어 있으므로 복기할 거리로도 괜찮은 편이다.

나의 복기는 만약에 진보개혁 후보가 대선에서 승리한다고 할 때 어찌해야 통치를 잘할 수 있을지 반성해보려는 것이다. 그리고 그런 목적 때문에 노무현정권의 성과보다는 과오 분석을 더 중시할 것이다.

노무현 대통령의 경제정책에 대해선 이미 노정권의 마무리 시점에 내 나름으로 정리한 바 있다(「호황론과 파탄론의 거리」, 『황해문화』 2008년 봄호). 따라서 여기서는 주로 노무현시대의 경제가 아니라 정치에 대해서 논해보고자 한다. 나는 정치학자가 아니므로 외도를 하는 셈이다. 하지만 김대중시대와 노무현시대를 지내면서, 특히 노무현정권에 이르러 정치문제의 중요성에 눈뜨게 되었다. 진보개혁정권이 왜 이리 기대에 못 미칠까 곰곰이 따져본 끝에 그리된 것이다.

물론 그래봤자 실전적 정치고수 앞에 가면 여전히 형편없는 아마추어다. 필요한 정보도 『운명』만으론 충분치 않다. 다만 정치학자를 비롯한 각 분야 전문가들이 노무현정권의 여러 측면에 관해 많은 글을 발표하기는 했으나, 쟁점 정책과 정치를 총괄적으로 정리한 경우를 아직 접하지 못했다. 특정 정책의 비판에서도 대안에 대한 고민을 좀체 찾아볼 수 없다.

노정권 참여자들이 정리한 『진보와 권력』이 노무현시대의 정부기구 운영과 관련해선 상당히 깊이있는 분석을 제공하고 있기는 하다. 그러나 『운명』 등에서 드러난 바와 같은 정책결정상의 고민을 전제로 한 정치적 분석은 거의 보이지 않는다. 그래서 앞으로의 본격적 연구를 촉구하는 일종의 문제제기 차원에서 나름의 의견을 제시해보려는 것이다. 나아가 앞으로 진보개혁진영의 대통령이 등장하는 경우에 참고사항이 될 수 있다면 더 바랄 나위가 없다.

감동의 노무현과 독선적 노무현

노무현시대엔 빛과 그림자가 모두 존재한다. 그런데 그림자 부분에 대해 당시 한나라당과 보수수구언론에선 노대통령이 경제를 잘못 관리했다는 점을 부각시켰다. 노대통령을 '경포대'(경제를 포기한 대통령)라고 비난하기도 했다. 그리하여 2007년 대선에서 이명박 후보가 '경제 살리기'를 슬로건으로 내걸게 된 것이다. 하지만 굳이 그런 종류의 크게 과장된 비판을 하자면, 노무현은 경포대라기보다는 차라리 '정포대'(정치를 포기한 대통령)에 더 가깝다. 실적이란 어차피 상대적으로 평가할 수밖에 없는데, 보수파가 좋아하는 경제성장률을 기준으로 할 때 노무현시대가 이명박시대보다 1~2퍼센트 포인트 높지 않은가.

노대통령이 정치를 포기했다는 말은 주요 정책을 결정하는 데서 정치적인 고려가 형편없었다는 의미다. 그는 자기편을 축소 약화시키고 반대편을 확대 강화시켰다. '뺄셈의 정치'였던 것이다. 그리되니 정권이 힘을 발휘할 수 없어 자신이 바라는 경제정책이든 뭐든 관철시키는 게 점점 어려워져갔다. 그리고 그것은 자신의 지지기반을 더욱 축소 약화시키는 악순환을 초래하고 말았다. 경제학을 전공한 처지이면서도 내가 굳이 노무현시대의 정치를 다뤄보려는 이유도 바로 이런 측면 때문이다.

노무현시대의 악순환 과정에 대해선 앞으로 차차 따져보기로 하고, 우선 그런 잘못된 정치적 판단을 하게 된 노무현 개인부터 검토해보기로 한다. 여기서는 여러 측면들 가운데서 인간 노무현의 성격적 특질에 집중해보고자 한다.

나는 노정권 시기에 그를 직접 만날 기회가 없었고, 따라서 사실 그를 잘 안다고 할 수 없다. 다만 그전에 몇차례 만난 적은 있고, 그와 가까웠던 사람들을 통해 그에 관한 이야기는 어느정도 접할 수 있었다. 또 내 나름으로 이따금 노대통령은 과연 어떤 사람일까 생각해보기도 했다. 동료들과 토론을 벌인 일도 없지 않았다. 그걸 바탕으로 이야기를 풀어가볼까 한다.

많은 다른 이들과 마찬가지로 나도 1988년 청문회의 노무현을 보고 반해버렸다. '아! 이런 인물이 대통령이 되면 얼마나 좋을까' 하고 생각했던 것이다. 그뒤 부산에서 연거푸 선거에 떨어질 때마다 그는 계속 감동을 주었다. '감동을 주는 정치인.' 이게 노무현이었다. 김대중 대통령의 경륜이 존경스럽긴 했으나 그는 노무현만큼 감동을 준 바는 없었다. 노무현은 닳고 닳은 기존 정치인에 비해 너무나 신선했던 것이다.

보수수구파가 대중의 탐욕을 조종해 선거에서 승리하고 정권을 운영해가는 데 반해, 진보개혁파는 대중의 감동을 사도록 노력해야 한다. 노무현은 집권시기를 제외하곤 바로 그런 감동의 정치인이었다. 그게 '노무현다움'이었다. 좌익 경력의 장인을 둘러싼 문제가 불거지자 "대통령 되려고 마누라를 버리란 말입니까" 하던 외침은 감동 그 자체였다.

대선 직전 정몽준(鄭夢準)이 노무현 후보 지지를 철회했을 때의 해프닝도 정신이 번쩍 들게 만든다. 당시 현장에 있었던 사람에 따르면, 여러 인사들이 제발 정몽준에게 사과하러 가자고 끈질기게 그에게 종용했었다. 그러자 그는 "저는 실패한 대통령후보는 될 수 있어도 실패한 대통령은 되기 싫습니다"라고 강하게 버텼다고 한다. 정씨의 마음을 돌리기 위해 그의 온갖 부당한 요구를 들어줄 수는 없다는 것이었다. 결국 정씨 집 앞까지만 가는 걸로 겨우 낙착을 보았지만, 대통령 자리에 연연하지 않는 노무현의 모습인 셈이었다. 대통령 자리를 물러나 시골로 돌아가 자전거에 손녀를 태우고 다니던 모습 역시 감동스러운 노무현다움이었다.

물론 노무현에게는 감동의 노무현다움만 있는 게 아니고 '괴팍한 노무현다움'도 없지 않았고, 통치시기에 이런 괴팍함이 주로 많이 나타났다. 대통령 못해먹겠다는 말을 내뱉는 가벼움이나 참모들의 말을 잘 듣지 않는 독선이 그 대표적인 경우다. 안타깝게도 '감동의 노무현다움'은 통치시기엔 도대체 찾아볼 수 없었다. 어쨌든 노대통령의 이단아적 특성은 그의 장점이자 단점이었던 셈이다.

내가 그를 직접 만나 이야기를 주고받았던 것은 2001년 봄이 처음이었다. 당시는 그가 대선 출마를 염두에 두고 본격적인 정책 공부를 시작했을 때였다. 그 첫순서로, 아는 후배를 통해 노무현캠프에서 연락이 와 내가 재벌문제에 대해 특강을 했던 것이다. 나중에 들으니 재벌개혁이란 게 흔히 오해되듯이 '재벌 죽이기'나 '재벌 혼내주기'가 아니라 '재벌 거듭나게 하기' 즉 재벌이 선진적 대그룹으로 거듭날 수 있도록 도와주는 것이라고 한 내 말이 그의 기억에 남았다고 한다.

그런데 내가 재벌문제 중에서 삼성문제가 핵심이라 했더니 그가 움찔하는 걸 느낄 수 있었다. 그러면서 삼성을 손대는 게 과연 가능하겠느냐는 식의 질문이 날아왔다. 조선일보와는 일전을 불사한 그였으나 삼성 앞에선 다소 위축된 모습이었다. 펜은 검보다 강하다고 하지만, 돈이 펜보다 강했던 셈이다. 사실 노무현은 자신의 국회의원 지역구 사정도 있어서 '삼성자동차 살리기'에 관여한 바 있었다. 부산상고 동문인 삼성 비서실장 이학수와도 관계가 없지 않았다. 또 대선과정에서도 삼성으로부터 비록 이회창 진영의 10분의 1 수준일지라도 어려운 살림의 노무현캠프로서는 막대한 선거자금을 지원받았다.

그는 내 특강이 대충 마무리되자 자기 캠프에 들어와달라고 부탁했다. 삼성문제를 건드린 나에게 도와달라고 한 것이다. 그 말을 듣자 '아, 이 사람은 재벌개혁을 위해 온몸을 던지지는 않겠지만, 재벌개혁 전선에서 그다지 후퇴하지는 않을 것이고 약간의 진전은 이룰 수도 있겠구나'라는 생각이 들었다. 실제로 노대통령은 재임기간 중에 이학수 등의 발언을 도청한 기록인 이른바 X파일 조사에 대해선 부정적인 의견을 표명했으나, 검찰의 삼성에버랜드 사건 기소를 적극적으로 저지하지는 않았으며, 상속·증여세 포괄주의를 도입하는 등 일부 재벌개혁조치는 채택했다.

그의 제의에 대해 "당신을 좋아하지만 시민단체 일을 돕고 있는 형편이라 곤란하다"고 사양했다. 그랬더니 그는 알았다면서 강준만 교수의 『노무현과 국민사기극』(2001)이란 책을 건네주었다. 일종의 발표사례였던 셈이다. 그런데 그걸 건네주는 그의 말씨나 분위기는 다소 딱딱한 느낌을 주었다. 아마도 사례금을 줄 여유도 없었겠고, 또 준다고 해서 내가 받을 처지도 아니었다. 그래서 책을 건넸겠지만, 고수 정치인이라면 사람을 편하게 해주면서 빨아당겨야 하는데 그에겐 그런 능력이 모자랐던 듯싶다.

사법연수원 시절 상고 출신이라고 업신여김을 당해 그는 점심시간에도 외톨이가 되는 일이 많았다고 한다. 아웃사이더로서의 설움이 여유와 따뜻함을 갖기 힘들게 만들었으리라. 또 여유와 따뜻함이 부족해진 데에는 불의에 대해 뜨겁게 분노하는 정의파였기 때문에 적개심이 너무 강한 탓도 있었다고 여겨진다. 노무현은 아웃사이더 정의파였던 셈이다. 그리하여 통치시기에 노무현은 수구적 보수언론의 중상모략에 대해 여유를 갖지 못하게 된다든가, 노동자가 투신자살하자 "죽음으로 항거하던 시대는 지났다"고 말하는 식으로 거칠어진 것이다.

물론 뜨거운 분노와 따뜻한 여유를 동시에 갖는다는 것은 보통 어려운 일이 아니다. 거의 도인(道人)의 경지로 봐야 할 것이다. 그러나 그렇다고 포기할 게 아니라 큰 지도자가 되려는 사람은 둘 다 갖추도록 노력해야 한다. 그리고 그렇지 못한 상태에서 지도자가 되었으면, 최소한 자신의 약점이 무엇인지는 알고 있어야 하고, 그걸 보완할 수 있도록 주위 참모들을 배치했어야 한다. 그런데 대통령이나 참모나 모두 '뾰족한' 인물들이었으니, 그게 노정권의 치명적 약점이었다.

준비 부족과 취약한 정치력

노대통령과의 그다음 만남은 2002년 민주당 대선후보 경선 때였다. 당시 나는 『한겨레』 대선 보도 자문단의 일원으로 민주당 후보들을 인터뷰했다. 다른 후보들에 비해 노무현은 비교적 답변을 잘한 편이었다. 그 인터뷰 이후 민주당 내에서의 반응이나 국민여론이 나아졌다는 말도 나중에 들었다. 하지만 당시 노무현은 북한이나 관료와 어떻게 상대해야 하는가라는 문제에 대해선 능숙하게 답하지 못했다. '준비 부족'이라는 느낌을 지울 수 없었다.

노무현은 다음과 같이 술회한 바 있다. "대통령이 될 줄 알았으면 미리 연습을 하는 것인데, 체질적으로 제가 (…) 윗자리에 앉으면 불안해하고, 말은 위엄있게, 행동은 기품있게 할 필요가 없는 환경 속에서 살았습니다. (…) 준비 안 된 대통령이라고 말하는 사람들이 많이 있는데, 다른 점에 있어서는 승복하지 않지만 언어와 태도에서 이야기한다면 충분히 훈련받지 못했던 점은 있습니다."(『성공과 좌절』 179~80면)

이 말은 맞기도 하고 틀리기도 하다. 다른 야권 정치인에 비해 그가 특별히 준비가 부족했다고 하기는 힘들다. 재임기간 중 학자나 관료나 기자와의 토론에서도 별로 밀리지 않았고, 그들이 생각하지 못하는 부분을 날카롭게 지적하기도 했다. 그러나 한국사회가 직면한 난제를 슬기롭게 해결할 준비가 되어 있었느냐고 하면, 그건 이야기가 다르다. 사회의 각 집단과 온갖 충돌을 야기하면서도 그것을 제대로 해결하지 못했던 것이다. 자기 실력에 넘치는 너무 많은 문제를 해결하겠다고 나선 편이었다.

그런데 이런 준비 부족은 노무현 대통령 개인의 문제가 아니라 진보개혁진영 전체의 문제다. 그는 대선과정에서 진보개혁진영의 교수나 연구자 들을 통해 공부했을 터이다. 하지만 통치시기에 정작 커다란 문제가 터지자 그런 공부가 별로 도움이 되지 못했다. 북핵 위기든 노조파업이든 신용불량자 문제든 비상사태를 헤쳐나갈 매뉴얼이 마련되어 있지 않았던 것이다.

이회창 후보 진영에선 당선 후의 국정운영 프로그램을 연도별, 분기별, 월별, 나아가 주별, 일별로까지 마련해두었다고 한다(『운명』 459면). 그게 얼마나 제대로 된 것이었는가와는 별개로, 그렇게 철저히 준비하는 자세가 되어 있었던 것이다. 노정권과 진보개혁진영엔 그런 게 없었다. 그들은 큰 그림, 이른바 로드맵 그리는 건 좋아했으나 실전능력은 별로 키워가지 못했다. "어떤 사회가 바람직한가"를 논할 줄은 알았으나, 그런 사회를 "어떻게 만들어갈 것인가"에 대해선 소홀했던 셈이다. 동양의 용어로 표현하면, '도(道)'와 '술(術)'을 적절하게 결합시키는 문제에 대한 고민이 부족했던 것이다.

정치력이란 어떻게 만들어가는가 하는 문제다. 다시 말해 비전을 관철시키는 전략·전술의 문제다. 노정권은 바로 이 부분이 취약했다. 이렇게 정치력이 취약하니 노정권 내에서 진보개혁인사들의 발언권은 점점 취약해지고, 반대로 보수수구관료들의 입김은 강화되어갔다. 이런 현상은 김대중정부 때도 마찬가지였다. 노정권에선 그래도 김대중정부 때보다는 진보개혁인사들이 오래 버틴 셈이기는 했다.

어쨌든 노무현과의 직접적 만남은 『한겨레』 인터뷰가 마지막이었다. 통치시기 중에 만날 일은 없었다. 다만 내가 2004년 『한겨레』에 '민주노동당에 바란다'라는 칼럼을 썼더니 노대통령이 직접 이메일을 보내왔다. 내게만이 아니라 칼럼을 쓴 사람에게 노대통령은 가끔 이메일을 직접 보내기도 했다고 한다. 이렇게 대통령이 직접 이메일을 보내는 건 수구적 보수신문에 의해 고립된 마음을 반영한 거라고 볼 수 있는데, 다른 한편으로는 소탈한 노대통령의 모습이기도 했고 그게 그의 매력이었다.

메일에서 그는 칼럼을 잘 읽었다는 인사와 함께 약간 뜬금없이 중선거구제의 필요성을 언급했다. 그래야 민주노동당도 의석을 늘릴 수 있다고도 했다. 틀린 말은 아니고 또 한국정치의 지역주의 문제를 해결하기 위한 그 나름의 해법이었다. 하지만 당시로선 실현 불가능한 주장이었다. 상고 출신으로선 꿈꾸기 힘든 사법고시에 합격하고, 절벽과 같았던 군사독재정권에 부딪히고, 형편없는 지지율에서 출발해 대권을 거머쥔 '절망은 없다'의 주인공다운 자세이기는 했다. 그러나 중선거구제란 게 다른 선거구제에 비해 무조건 정의롭다고 하기도 힘들다. 중선거구제를 실시하는 선진국도 별로 없다. 게다가 당시 한나라당이 수락할 가능성도 전무한 비현실적 제안이었다.

사실 노무현은 정당의 지역주의로 쓴맛을 톡톡히 본 정치인이었다. 지역주의를 타파하겠다고 용감히 나섰지만 국회의원과 부산시장 선거에서 연거푸 낙선했던 것이다. 이런 암담함은 3당 야합으로 설 자리를 잃게 된 경상도 민주진영 전체에 해당하는 일이었다. 따라서 그가 지역주의 극복에 노력하는 건 당연했다. 하지만 그는 지역주의 문제에 과도하게 집착했다. 그러다보니 내게 보낸 이메일에서까지 그 문제를 들고 나왔고, 결국에는 한나라당과의 대연정이라는 황당한 제안까지 하게 된 것이다.

무슨 문제든 집착이 지나치면 그르친다. 노대통령 자신이 집착에서 벗어나지 못하면 참모가 그걸 견제해줘야 하는데 참모도 그 역할을 못했다. 노대통령이 지역주의 문제를 해결할 수 있는 정공법은 나라 통치를 잘해서 경상도 사람들도 자신을 지지하게 만드는 것이었어야 한다. 그래야 선거구든 뭐든 고칠 수 있으니까. 정공법을 벗어나 선거구만 만지작거리는 건 선거공학에 지나지 않는다. 그러면 반대편에선 정략적 꼼수로 몰아붙이기 마련이다.

낯을 가리는 정치인

노대통령과의 개인적 만남을 통한 이야기는 이 정도로 하고, 이제 다른 사람들을 통해 그의 기질적인 특성을 살펴보자.

유시민에 따르면 노무현 대통령은 "부끄러움과 수줍음이 많은 사람"이었다(『운명이다』16면). 이런 말은 노대통령을 접했던 몇몇 다른 정치인들에게서도 들은 바 있다. 이건 부끄러움을 모르고 온갖 비리를 저지른 이명박정권 인물들과 대조되는 부분이다. 그리고 부끄럽고 수줍다는 것이 기(氣)가 약하다는 의미는 아니다. 노무현은 기가 대단히 센 편이었다. 1990년 노태우, 김영삼, 김종필의 3당 합당에 반대해서 통일민주당 해체식에서 "이의 있습니다!"라고 소리칠 때의 그의 모습을 떠올려보라. 그는 불굴의 투사였고 죽음 앞에서 초라해지지 않았다.

그런데 이렇게 기가 세니 결정적 순간에 주위 참모들의 조언이 통하지 않았다. 특히 노무현은 이단아로 커오는 과정에서 주위 조언을 거슬러 성공한 경우였다. 조선일보와 싸우고 부산에서 연거푸 떨어지는 일을 누가 권했겠는가. 그러다보니 그는 정치적 판단력에서 과도한 자신감을 갖게 된 게 아닌가 싶다. 이게 통치시기엔 부정적으로 작동했다. 선거와 통치에는 다른 면이 있기 때문이다. 통치시기엔 노무현의 드센 기를 감당할 수 있고 또 정치적 판단에서 그도 귀를 기울일 만한 고수가 참모로 있어야 했다. 그런데 이게 제대로 되지 않았다. 문의원도 청와대 참모진의 정무기능이 취약했음을 인정하고 있다(『운명』 341면).

어쨌든 노대통령은 기가 세지만 수줍음이 많은, 즉 낯을 가리는 편이었다. 정치가 체질에 맞는 정치인은 사람들과의 만남 그 자체를 즐긴다. 싫어하든 좋아하든 간에 사람들과의 만남을 통해 그들의 에너지를 빨아들이고 스스로는 엔도르핀이 마구 분비된다. 낯을 가리는 것과는 정반대편인 것이다. 그런데 노무현은 불편한 사람들과는 자리를 같이하는 걸 견디기 힘들어했다. 정치가 체질에 맞아서라기보다 사명감 때문에 정계에 뛰어든 경우다.
　대통령이 되기 전의 에피소드다. 기자들이 노무현과 식사를 하고 2차로 노래방에 간 적이 있었다. 그때 기자들이 보니 어느새 그가 사라지고 없더라는 거였다. 그래서 자기들이 혹시 그에게 뭔가 기분나쁘게 한 게 있는가 해서 다음날 연락했더니, 그런 자리가 취미에 맞지 않아 집에 가서 책 읽었다고 하더라는 것이다. 기자들 기분이 어땠을까. 별로 좋은 느낌을 받지 않았을 것이다. 공부가 직업인 교수가 그리 행동했다 하더라도 욕먹기 십상일 텐데 하물며 정치인의 경우에는 두말할 나위가 없다.
　노무현에겐 노래방에서 어울리는 시간이 아까웠을 것이다. 그런데 이렇게 시간을 아까워해야 하는 사람은 정치가가 아니라 학자다. 청와대 정책실장을 지낸 이정우(李廷雨) 교수는 노대통령을 좋은 의미로 호학군주(好學君主)라고 표현했다. 어떤 이들은 노대통령에 대해 논쟁을 즐기는 학자 타입이라고도 했다. 하지만 그게 정치가의 자질로서 꼭 좋아 보이지는 않는다. 집권하기 전까지 가급적 책을 많이 읽는 것은 필요하지만, 집권해서까지 사람 만나는 것보다 책을 좋아할 정도라면 정치가가 아니라 학자가 되어야 하는 게 아닐까. 김대중 대통령도 많은 책을 읽은 설로 널리 알려져 있지만, 그건 주로 감옥살이할 때나 해외에서 사실상 유배생활을 할 때의 이야기다.
　노대통령은 취임 직후 몇차례 민생탐방을 했다. 그러나 보수언론은 말할 것도 없고 진보신문에서조차 아무런 보도를 하지 않자 중단하고 말았다. 그뒤 참모들이 제발 시장 상인들 손이라도 잡아주라고 건의하자, 괜히 쇼하느라 오히려 민폐만 끼친다면서 받아들이지 않왔다. 이런 게 다 학자 같은 낯가림이다. 대중정치인이라면 언론에서 보도를 하든 말든 가끔씩 서민들과 만나 소주 한잔 걸칠 줄 알아야 한다. 그런 스킨십이 있어야 대중의 삶과 정서를 놓치지 않는다. 경호문제로 인한 민폐를 끼치지 않고자 한다면 불시에 아무 데나 찾으면 되지 않는가.

요컨대 노대통령은 좀 지나치게 낯을 가린 편이었다. 민주화 투사로서는 이래도 괜찮다. 마음에 맞지 않는 보수수구세력과 만날 일이 별로 없기 때문이다. 그러나 정치인이 되면 달라져야 한다. 자기편을 확대 강화하고 반대편을 축소 약화시키려면 온갖 잡놈(?)을 다 만나야 하며 끌어당길 때는 당길 줄 알아야 한다. 그런데 이건 노무현 체질에 잘 맞지 않았던 것 같다.

세속정치에 깊이 들어가면 갈수록 노대통령 자신도 점점 이질감을 많이 느끼지 않았나 싶다. 그래서 1989년엔 국회의원직을 내던지고 잠적하기도 했고, 대통령 시절엔 대통령 못해먹겠다고 내뱉기도 했던 것이다. 말하자면 출세욕도 있기는 했겠지만, 체질에 맞아서라기보다 정의감 또는 의무감에서 정치에 뛰어든 셈이다.

부엉이바위에서 몸을 던지기 두달 전쯤 그는 '정치하지 마라'는 글을 인터넷 게시판에 올린 바 있다. "정치를 하는 목적이 권세나 명성을 좇아서 하는 것이라면, 그래도 어느정도 성공을 할 수도 있을 것입니다. 그래도 성공을 위하여 쏟아야 하는 노력과 감수해야 하는 부담을 생각하면 권세와 명성은 실속이 없고 그나마 너무 짧습니다"라고 술회했다. 이어서 "이웃과 공동체, 그리고 역사를 위하여, 가치있는 뭔가를 이루고자 정치에 뛰어든 사람이라면, 한참 지나고 나서 그가 이룬 결과가 생각보다 보잘것없다는 걸 발견하게 될 것입니다. (…) (정치인은) 거짓말의 수렁, 정치자금의 수렁, 사생활 검증의 수렁, 이전투구의 수렁, 이런 수렁들을 지나가야 한다는 것입니다"(www.knowhow.or.kr, 2009. 3. 4)라고 했던 것이다.

정치인 체질이 아닌 노대통령의 이런 솔직한 심경은 충분히 이해가 된다. 그러나 누군가는 정치를 해야 하는 마당에, 이런 정치허무주의는 별로 도움이 되지 않는다. 수구적 보수언론은 정치인들을 협잡꾼으로 매도해 국민의 정치적 무관심을 유도한다. 그리해서 기득권 세력을 지켜나가는 것이다. 노무현 식의 정치허무주의는 마찬가지로 이런 기득권 메커니즘을 강화시킬 뿐이다.

독일에서는 어릴 때부터 정치교육을 중시한다. 그래서 연방정치교육센터(bpb, Bundeszentrale für politische Bildung)를 여러 곳에 설치해 학생들과 시민들에게 무료 또는 염가로 정치교육 자료를 제공한다. 그리고 정치에 뜻을 둔 이들은 차근차근 정치인 과정을 밟아나간다. 그게 선진적 정치구조가 싹트는 기반이다. 정치인 매도와 정치허무주의가 판치는 곳에선 이런 정치구조가 발전할 수 없다.

다만 모두가 정치를 직업으로 할 필요는 없다. 일찍이 막스 베버가 『직업으로서의 정치』(*Politik als Beruf*, 1919)라는 책을 저술한 데에도 바로 적합한 정치인을 길러내기 위한 의도가 깔려 있다. 물론 그는 훨씬 고상하게, '열정과 균형감각'을 논하고, "자신이 제공하려는 것에 비해 세상이 너무나 어리석고 비열하게 보일지라도 이에 좌절하지 않을 자신이 있는 사람, 그리고 그 어떤 상황에서도 '그럼에도 불구하고'라고 말할 능력이 있는 사람, 이런 사람만이 정치에 대한 소명을 갖고 있다"라고 설파했다.

노대통령은 베버가 요구한 정치인 자질은 상당히 갖춘 셈이다. 균형감각에선 문제가 있었는지 모르지만, 열정이나 좌절하지 않을 자신이나 노(No)라고 외칠 능력은 갖고 있었다. 하지만 베버가 언급하지 않은 낯가림의 문제, 즉 사람 만나는 게 즐거움이 아니라는 점은 그의 정치적 약점이었다. 특히 끈적끈적한 인간관계가 요구되는 우리 정치 현실에서, 그의 약점은 선거시기까진 그런대로 넘어갔으나 통치시기엔 커다란 애로로 작용했다.

요컨대 노무현은 아웃사이더 정의파로서 불의와 반칙에 대한 뜨거운 분노를 안고 있었으나, 따뜻한 여유는 부족했고, 참모들이 그런 약점을 보완하지도 못했다. 난국을 슬기롭게 헤쳐나갈 준비도 모자랐으며, 책 읽기를 좋아하는 학자 타입으로 정치인과는 거리가 멀게 부끄러움과 수줍음이 많은 편이었다. 노무현정권의 정치력 면에서의 한계에는 이와 같은 그의 개인적 특성도 한몫하지 않았나 싶다.

이렇게만 이야기하면 노무현은 정치적 단점으로 가득 찬 인간이라고 오해받을 수 있다. 그러나 결코 그렇지는 않다. 노무현은 한국의 정치지도자 중 감동을 안겨준 아주 드문 사례다. 노정권의 업적도 마찬가지다. 빛이 있기에 그림자가 있는 법이듯이, 그림자만 있는 게 아니라 빛도 엄연히 존재한다. 이명박과 노무현을 비교해보라. 하지만 복기에선 주로 잘못된 수(手)를 가지고 논한다. 그래서 여기선 노무현의 문제점에 초점을 맞추었을 뿐이다.

2

대연정과 기자실 문제

정치란 무엇인가. 정치에 대한 정의는 부지기수일 것이다. 대표적으로 표준국어대사전(국립국어연구원)에 따르면, "나라를 다스리는 일. 국가의 권력을 획득하고 유지하며 행사하는 활동으로, 국민들이 인간다운 삶을 영위하게 하고 상호간의 이해를 조정하며, 사회질서를 바로잡는 따위의 역할을 한다"이다. 인터넷사전 '위키피디어'에서는 "정부뿐만 아니라 각종 조직을 운영하는 기술 또는 과학으로 권위(authority)나 권력(power)를 포함하는 사회관계"라고 정치(politics)를 정의하고 있다. 막스 베버는 "정치란 국가의 지도 혹은 지도에 영향을 주는 것"이라 하였다.

경제학을 공부하는 처지에서는 '권력에 의한 자원배분'이라고 정의하고 싶다. 근대사회의 자원 즉 인적 자원 및 물적 자원의 배분은 한편으로는 시장에 의해 이루어지고 다른 한편으로는 권력에 의해 이루어진다. 오세훈 시장 식으로 '차별급식'을 시행할 것인가 박원순 시장 식으로 '무상급식'을 할 것인가는 서울시민의 투표라는 정치적 힘 즉 권력의 행사에 의해 결정되는 것이다. 마찬가지로 북한의 굶주리는 인민을 '햇볕정책'에 의해 도와줄 것인가 '비바람정책'에 의해 외면할 것인가도 모두 시장이 아닌 정치적 힘에 의거한다. 시장에선 기본적으로 등가교환에 의해 자원이 배분되는 데 반해, 정치란 권력(힘)에 의해 일방적으로 자원을 배분한다.

권력에 의한 이러한 자원배분 방식을 둘러싸고 정치세력 사이에는 투쟁과 협력이 벌어지게 마련이다. 즉 진보파↔보수파 사이나 개혁파↔수구파 사이 또는 각 정당 사이에서 투쟁과 협력이 전개되는 것이다. 정치가가 뜻을 펼친다는 것은 바로 이런 권력관계를 통해 자신이 바라는 자원배분 방식을 실현하는 일인 셈이다. 그러려면 정치가는 자신의 힘을 키워야만 한다. 때문에 정치가는 항상 자기편을 묶어세우고(확대·강화), 반대편을 흩뜨리고(축소·약화), 중간편을 자기 쪽으로 끌어당기려고 노력한다. 그 과정에서 이념에 호소하기도 하고 마끼아벨리주의 이른바 권모술수를 동원하기도 하는데 그게 정치력이다.

노무현정권은 바로 이러한 정치력에서 너무 형편없었다. 그렇게 된 요인은 여러 가지다. 1장에서 언급한 노대통령의 개인적 성격이나 통치에 대한 준비 부족이 크게 영향을 미쳤을 것이다. 하지만 노대통령이 '선거시기'와 '통치시기'의 같은 점과 다른 점을 제대로 분별하지 못했다는 점도 그에 못지않게 주요한 요인이었다. '좌파'

또는 정반대로 '신자유주의' 운운하면서 노정권을 비판해온 학자들에겐 의외의 관점이리라. 그러나 바로 이런 색다른 관점을 발견했기 때문에 나는 경제학자지만 굳이 정치분석이라는 외도를 하게끔 된 것이다. 그리고 이는 그저 색다른 관점에 머무는 게 아니다. 관념적인 노정권 비판을 넘어 실천적 대안을 찾는 길이 아닐까 싶다.

'선거시기'와 '통치시기'의 같은 점에 대한 노정권의 인식 부족이란 선거시기와 마찬가지로 통치시기에도 정치적 고려가 중요하다는 사실을 소홀히 했다는 것이다. 그래서 자기편을 축소 약화시키고 반대편을 확대 강화시키고 중간편을 반대쪽으로 밀어버렸다. 보수파는 노대통령이 지나치게 편가르기를 했다고 비난하기도 한다. 종합부동산세 같은 사안이 대표적인 경우다. 그러나 사실 노대통령은 편을 제대로 가르지 못했다고 봐야 한다. 종합부동산세에서도 부자에 대한 징벌 같은 인상을 풍길 게 아니라 투기방지나 공평과세라는 점을 부각시켜야 하는데 이에 실패했다. 그래서 반대편을 똘똘 뭉치게 만든 것이다.

집권 이전 즉 선거시기에는 노무현뿐만 아니라 모든 정치인들이 정치적으로 계산해서 행동한다. 표를 많이 얻어야 당선되기 때문이다. 하지만 집권 이후 즉 통치시기에는 자기를 찍어준 사람들을 위해서만 행동해서는 안 된다. 대통령은 국민 전체의 지도자이기 때문이다. 그리고 대통령이 되면 과거의 정파적 행위로부터 벗어날 것을 사람들 특히 언론으로부터 요구받는다. 예컨대 코드 인사 운운하는 비판이 거기에 해당한다.

대통령 자신도 초당파적으로 행동하고 싶은 마음이 생긴다. 전국민으로부터 지지를 받고 싶기 때문이다. 특히 비주류에서 성장한 노대통령의 경우엔 주류의 인정을 받고 싶은 욕망이 적지 않았을 것이다. 헤겔이 말한 대로 인간은 인정투쟁을 하는 존재가 아닌가.

따라서 초당파적 행동은 어느정도 불가피하며 필요하기도 하다. 우선 인재를 과거의 자기편에서만이 아니라 폭넓게 충원해야 한다. 반대편의 이해관계나 정서에 대해서까지 시야를 확대해야 한다. "강을 건넌 후 건네준 뗏목을 지고 가려 하지 마라"는 석가의 말씀이 여기에 해당하는 셈이다.

그러나 '초당파'라는 것 자체에만 매몰되면 탈이 난다. 중심을 잡지 못하고 혼란에 빠지는 것이다. 반대편도 제대로 끌어당기지 못하면서 자기편을 쪼개버린다. 산토끼를 잡으려다 집토끼도 놓치고 마는 셈이다. 앞으로 구체적 정책을 통해서 따져보겠으나 노대통령이 바로 이런 결과를 초래했다. 정치가로서 자신의 존재를 소홀히 하고 초당파적 행정가처럼 행동하려 했기 때문이다. 초당파적 행동이라는 것도 기본적으로 정치적 고려를 전제해야 한다. 초당파적으로 행동하더라도 그게 통치자의 힘을 증대시키는 방향이어야 한다. 초당파적 '정치가'여야 하는 것이지 초당파적 '행정가'에 머물러서는 안 된다는 말이다.

그러면 왜 선거시기만이 아니라 통치시기에도 정치적 고려가 필요할까. 대통령의 통치는 힘이 있어야 가능한데, 그 힘의 행사는 헌법과 법률에 의해 부여된 힘에 의해서만이 아니라 국민적 지지가 받쳐줘야 한다. 과거 군사독재 시절엔 대통령이 권력을 거의 독점했다. 하지만 1987년 민주화 이후 대통령의 권력은 부분권력에 지나지 않게 되었다. 흔히 제왕적 대통령제 운운한다. 그런데 미국 대통령에 비해선 권한이 크지만, 한국의 과거 대통령에 비하면 지금은 정말로 형편없는 힘밖에 갖고 있지 않다. 이 사실을 분명히 자각하고 있지 않으면 정권은 갈팡질팡하기 마련이다.

노정권은 기껏해야 청와대 권력을 장악한 데 불과하다. 취임 당시 의회권력은 한나라당이 장악하고 있었다. 그리고 재벌, 관료(검찰 포함), 언론이 또다른 강한 권력집단이었다. 일종의 권력 과점(寡占) 집단이 형성되어 있는 것이다. 게다가 이명박정권에서와 달리 이런 권력집단들은 기본적으로 노정권에 적대적이거나 잘해야 중립적이었다. 따라서 노대통령은 통치시기에도 선거시기와 마찬가지로 이들 적대적 권력집단과 치열한 정치투쟁을 전개할 수밖에 없었다. 하지만 정치적 고려를 소홀히 한 노정권은 권력투쟁에서 패배하고 말았다.

혁명보다 개혁이 어렵다는 말이 있다. 오늘날 혁명정권이 들어서는 일은 아프리카나 아시아의 후진국에서나 생각할 수 있을 뿐이다. 하지만 일단 집권한 혁명정권은 개혁정권보다는 일처리가 쉬울 수 있다. 혁명에 의해선 권력을 독점할 수 있지만 개혁은 권력을 분점(分占)한 상태에서 진행해야 하기 때문이다. 이런 냉엄한 현실을 깊이 새기지 못한 노정권은 그저 국민에게 좋은 정책만 제시하면 만사형통이라고 생각한 게 아닌가 싶다. 그러면 노대통령의 주요 정책들을 통해 그가 얼마나 정치를 무시했는지 살펴보기로 하자.

황당한 대연정 제안

첫째로, 노대통령 자신도 오류였음을 인정한 한나라당과의 대연정 제안은 어떤가. 그가 대연정을 제안했을 때 나도 물론 황당하다고 생각했다. 어찌 한나라당과 손을 잡으려는가 하는 배신감 때문만은 아니었다. 당시의 정치상황에서 도대체 성사될 수 있다고 생각하고 제안한 것인지 의심스러웠기 때문이다. 심하게 말하면 무슨 장난을 하는 게 아닌가 하는 느낌이었다.

물론 선진국 특히 의원내각제 국가에서는 집권정당이 다른 정당과 연립정부를 꾸리는 일이 흔하다. 이념이 비슷한 정당만이 아니라 경우에 따라선 반대편 정당과의 연정도 이루어진다. 예컨대 독일에선 진보파인 사민당과 보수파인 기민련이 연정을 꾸리기도 했다. 다만 서구에선 한국에 비해 진보와 보수의 차이가 그리 크지 않고, 또 진보든 보수든 그 내부에 수구파의 영향력은 미미하다. 이런 서구의 사례를 참고해 대통령자문 정책기획위원회에서도 대연정이라는 아이디어를 제시했던 걸로 알고 있다.

따라서 원리적으로는 대연정이 무조건 나쁜 것은 아니다. 하지만 당시의 현실에서는 실현 불가능한 사안이었다. 노정권의 지지율이 하락했고, 여당이 재보선에서 의석을 잃어 다시 여소야대가 되었고, 국방부 장관 해임건의안도 제출된 상황이었다. 이렇게 궁지에 몰려 있는 노정권과 책임을 공유하는 일을 한나라당이 수락할 리 만무했다. 그건 무슨 대단한 정치적 판단력이 필요한 게 아닌 뻔한 일이었다. 이걸 몰랐다고 한다면 기가 막힐 뿐이다. 게다가 대통령이 이를 공개적으로 제안했다는 건 더욱 황당했다. 이런 성격의 사안은 양측이 물밑에서 충분히 논의해 합의에 이른 연후에 대중에게 던지는 게 상식이다. 아무런 사전 논의 없이 불쑥 공개적으로 제안하니 한나라당이 정략적 술수로 치부한 건 너무나 당연했다.

노무현은 종로 국회의원 자리를 버리고 불모지 부산에서 연거푸 낙선한다든가 거대언론 조선일보와 맞서 싸우는 등 정치상식을 뒤엎는 일을 심심찮게 감행했다. 그리고 그게 국민에게 감동을 불러일으켜 대통령 자리에 올라섰다. 하지만 기존의 정치상식을 넘어선 정치인이라 할지라도 그의 연정 제의 방식은 정치의 ABC를 무시한 독선의 정치라 아니할 수 없다. 파격에 의한 과거의 성공이 가져다 준 과도한 자신감이 문제였다. 이게 이른바 '성공의 저주' 즉 성공요인이 실패요인으로 전환하는 경우다.

그리고 더 중요한 부분이 있다. 노무현이 과거에 감행한 상식 파괴에는 정의를 실현한다고 하는 대의명분이 분명했다. 그래서 감동을 산 것이다. 반면에 연정 제의는 대의명분이 희박한 정치공학의 성격이 강하고, 따라서 꼼수 냄새가 풍겨나온 것이다. 통치시기에 감동의 '노무현다움'이 상실되었음을 단적으로 드러내는 사건이었다. 노무현이 노무현다움을 상실하면 무슨 정치력이 생겨날 수 있겠는가.

노무현은 『성공과 좌절』(242~45면)에서 왜 연정을 시도하려 했는지 설명하고 있다. 여소야대 상황에서 실권을 가진 총리와 내각을 한나라당에 넘기고, 그 대신 선거구제를 개편하려고 했던 것이다.

그러니까 그의 필생의 과제였던 지역주의 타파가 연정 제의에까지 영향을 미친 것이다. 선거구제를 바꿈으로써 지역주의 정치를 타파하려는 것은 정공법이 아니라 일종의 정치공학적 편법이고, 그런 편법에의 과도한 집착이 연정 제의라는 '뼈아픈 실책'(같은 책 245면)을 낳은 셈이다.

연정 제의를 국민에게 직접 터뜨린 배경은 『운명』(309~14면)에 소개돼 있다. 당·정·청 모임에서 일단 노대통령이 아이디어 차원에서 운을 떼보았다. 그러다 반대에 부딪쳐 대통령이 자기 제안을 거둬들였는데도, 참석자 중 한명이 비밀엄수 요구를 어기고 언론에 흘렸다. 그러자 이왕 이렇게 터져버렸으니 정식으로 국민 앞에서 제기해보자고 노대통령이 나선 것이다.

청와대 참모들은 언론에서 터졌더라도 그냥 아이디어 차원이라고 하면서 덮자고 했다. 하지만 노대통령은 참모들의 건의를 무시하고 치고 나갔다. 통치시기 노대통령은 참모들의 의견을 제대로 묻지 않고 일을 독단적으로 결행한 경우가 여러 건 있었다고 한다. 그리고 그 경우 결과가 대체로 나빴다고 한다(『운명』 279면). 대연정 제안도 거기에 해당한다.

이런 경우 참모들은 어찌했어야 하나. 노대통령의 첫번째 독단행동이 나왔을 때 참모들이 대통령의 행동 스타일을 바로잡았어야 하지 않나 싶다. 그리했더라면 노대통령의 과오가 거듭되지는 않았을 것이다. 그러면 어찌해야 대통령의 스타일을 바로잡을 수 있었을까. 어려운 문제다. 하나의 방안으로, 주요 참모들이 집단적으로 사표를 제출하면서 이렇게 말했으면 어땠을까. "우리의 건의를 무시한다는 것은 우리의 보좌능력을 대통령이 신뢰하지 않는다는 증거입니다. 더 능력있는 참모를 충원해서 국정운영이 제대로 될 수 있기를 바랍니다." 참모들이 이런 식으로 특단의 조치를 취했더라면 적어도 실수의 빈도는 줄어들지 않았을까 싶다. 아울러 노대통령이 무시할 수 없는 정치적 판단력을 가진 인물들을 즉각 참모로 충원했어야 한다.

　노대통령은 연정을 제의하면서 자신을 지지한 사람들과 정치조직이 과연 이것을 견딜 수 있을까 하는 점은 깊이 생각하지 않았다고 고백했다. 참 안타까운 일이다. 사실 노정권은 지지층뿐만 아니라 대중의 삶이나 정서와도 상당히 유리되어 있었다. 연정 제의 말고 여러 다른 정책에서도 그런 모습이 드러난다. 그 의도가 도덕적으로 바르다고는 할 수 있지만 실제로는 주변부 서민의 삶을 압박하는 전체주의적 성격을 띤 성매매처벌법이나 노래방도우미처벌법이 그런 사례다. 이자제한법이나 영세자영업자 카드수수료 문제를 일찍 처리하지 못한 것도 마찬가지다.

　더 근본적으로는 수구적 보수세력의 집요한 공세 속에 정작 서민들의 삶을 개선하기 위한 적극적인 분배·재분배정책을 시행하지 못했다. 반대파가 만든 좌파 프레임에 갇혀버렸던 셈이다. 갇혀버린 상태에서 몸부림치면 칠수록 더욱 옥죄인다. 좌파로 매도하는 공세에 대해 우리는 좌파가 아니라고 내빼거나 논쟁을 벌이는 게 바로 그런 몸부림이다. 이리 되면 정치적 패배의 길로 가게 된다.

　수세를 취할 게 아니라 공세로 나오면서 논의의 프레임을 바꿔야 했다. "극우파가 볼 때는 우리 같은 중도우파도 좌파로 보이는 게 당연하다. 우리에겐 좌니 우니 이데올로기적으로 따지는 것보다 서민대중의 삶을 한발짝이라도 개선하는 게 더 중요하다"라는 식으로 기백있게 받아쳤어야 한다. 이리하면 반대편을 극우라고 공격하는 것이며, 동시에 서민대중의 삶이라고 하는 다른 프레임을 들이대는 것이다.

 진정으로 서민대중을 위한 정책이라면 수구적 보수파의 좌파 공세가 결코 먹혀들 수 없다. 진보교육감들의 무상급식정책이 성공한 것을 보라. 좌파 공세에 겁을 먹어선 안 된다. 그건 정책적 운신의 폭을 스스로 제약하는 것이며, 바로 이렇게 위축되어버림으로써 노정권이 적극적 분배·재분배정책에 나서지 못한 것이다. 정권 초기에 진보적 학자인 이정우 정책실장을 교체한 것도 좌파 공세에 견디지 못해서인데, 이런 식으로 쫄아버림으로써 사태를 그르쳤다.

논란을 불러온 기자실 개혁

 둘째로, 기자실 문제를 살펴보자. 노대통령은 딱 부러지게 과오를 인정하지 않았지만, 문재인 의원이 잘못되었다고 자인한 사안 중에 기자실을 개방형 브리핑룸으로 확장한 일이 있다(『운명』 343~44면). 취지는 이해될 수 있는 사안이다. 그러나 이는 좋은 일이면 정치적 고려 없이 밀고 나간다는 노무현의 반(反)정치성을 드러낸 대표적인 사안이다.

 물론 정말로 옳고 중요한 일이라면 일시적인 정치적 불리를 감수해야 한다. 그런 사안은 시간이 흐르면 인정받는다. 하지만 정부 각

부처의 기자실을 폐쇄하고 3개의 브리핑룸으로 통폐합하는 기자실 문제가 그렇게 옳고 중요한 일이라고 하기 힘들다. 수구적 보수언론에 의해 중상모략을 당해온 노대통령에게 언론개혁은 대단히 절실한 문제이긴 했다. 그리고 기자실 개혁을 그는 언론개혁의 일환으로 생각했다.

그러나 기자실을 바꿨다고 언론이 정말로 개혁되었는지 도대체 의심스럽다. 대중의 삶과 무관한 행정적 조치일 뿐이다. 5장에서 본격적으로 논의하겠지만 노정권은 수구적 보수언론과의 권력투쟁에서 패배했다. 투쟁방식이 잘못되었기 때문이다. 그렇게 패배한 상태에서 기자실 문제를 건드린 것은 패배에 대한 화풀이 정도로밖에 여겨지지 않을 것이다. 기자실 문제로 노대통령은 쓸데없는 논란을 자초했다. 언론탄압이라고 와글와글 떠들게 만든 것이다. 진보언론이냐 보수언론이냐를 따질 것 없이 반응이 나빴다. 최소한 미리 진보언론 쪽의 의견이라도 수렴했어야 했다.

앞서도 말했지만 정치에선 자기편을 묶어세우고 반대편을 흩뜨리고 중간편을 끌어당기기 위해 전선(戰線)을 잘 쳐야 한다. 그런데 기자실 문제 같은 엉뚱한 곳에 전선을 친 것이다. 전선을 친다는 말은 대립구도를 설정한다는 말이다. 노대통령은 '전선 치기'에서 많은 오류를 범했다. 말투를 가지고 시비가 벌어진 게 그 대표적인 경우다. 정책을 가지고 전선을 쳐야 하는데 말투를 가지고 공격을 당하니 방어하기 힘들었다. 노무현은 말씨가 서민적이고 구수하다. 그래서 현장에서 이야기를 듣는 청중의 반응은 좋다. 하지만 흥분체질이라 어쩌다 말실수를 하는 경우가 발생하는 것이다. 참모들이 원고를 써줘도 노대통령은 원고대로 말하는 걸 싫어했다. 신이 나지 않기 때문이리라. 그러나 대통령 말씀 한마디 한마디가 갖는 중요성을 생각했어야 했다. 더구나 왜곡비방하려는 적들에 둘러싸여 있지 않았는가.

노무현과 이명박

정책에서도 노정권은 전선 치기가 서툴렀다. 기자실 문제처럼 대중의 삶과 무관한 사안으로 주요 전선을 쳐서는 안 된다. 꼭 하고 싶었다면 대중이 그 필요성을 충분히 인식하게끔 만든 후에 시작했어야 한다. 그리고 노정권은 취임 초기부터 과도하게 여기저기 전선을 펼쳤다. 검찰, 수구적 보수신문, 노조 등 온갖 세력과 한꺼번에 부딪친 것이다. 얼마 안 되는 힘이라면 그 힘을 집중할 수 있는 곳에 전선을 쳐야 한다. 정권이 원해서가 아니라 어쩔 수 없이 터져나온 사안도 있지만, '평검사와의 대화'처럼 스스로 전선을 과도하게 펼친 부분도 적지 않은 것이다.

이명박정권과 비교해보자. 이들은 초기에 미국산 쇠고기 수입이나 4대강에서만 전선을 펼쳤을 뿐 별로 전선을 늘리지 않았다. 물론 검찰, 관료, 언론이 자기편이니 굳이 전선을 늘릴 이유도 없었다. 그래도 그런 막강한 힘으로 노조와도 한판 승부를 벌이지 않았다. 선거에서 한국노총의 지지를 받았기 때문이기도 하지만, 시기를 저울질하고 있었던 듯싶다. 그래서 보수파들로부터 뭔가 제대로 하지 못한다는 비판을 받은 것이다. 노무현이 무리하게 이상을 실현하고자 했던 낭만주의자라면 이명박은 이상 자체가 아예 없는 인물이었기 때문이 아닌가 싶다.

그러다 이명박정권은 광우병 소동에 따른 촛불시위에 데면서 노무현과 전선을 쳐나갔다. 노무현시대 인물에 대한 먼지털이식 표적수사를 전개했다. 그래서 성공하는 듯했다. 그러나 노무현의 처절한 자기희생에 의해 실패하고 말았다. 권모술수만 쓸 줄 알았지 올바른 길을 가겠다는 자세가 없는 이명박정권은 전선을 아무리 잘 치더라도 실패하고 말 운명이었다. 반면에 노무현정권처럼 아무리 올바른 뜻을 갖고 있더라도 전선을 잘못 치면 실패하기 마련이다.

이렇게 노정권을 비판하면 노정권은 정치적으로 온통 잘못만 저지른 것으로 비칠지 모르겠다. 그건 아니다. 모든 게 상대적이다. 기대에는 크게 못 미쳤지만 이명박정권보다야 훨씬 낫다고 보아야 한다. 때문에 노무현의 죽음 앞에 그렇게 많은 이들이 슬퍼했던 것이다. 다음 장들에서 계속 노정권의 과오를 따지기 전에 이걸 분명히 짚고 넘어갈 필요가 있다. 앞에서 간단히 언급한 노무현과 이명박의 차이를 좀더 부연설명해보자.

노대통령은 자신의 불법대선자금까지 공개하면서 정경유착을 많이 약화시켰다. 노정권하에선 돈 달라 하지 않아 편했다는 말은 노무현을 싫어한 기업가들에게서도 여러 번 들을 수 있었다. 대통령의 권위를 떨어뜨리면서까지 권위주의를 타파했다. 개성공단을 조성해 북한민중의 삶은 물론이고 한국 중소기업들에도 도움을 주었다. 만족할 만한 수준은 아니지만 복지지출의 비중도 꽤 늘렸다. 부동산 투기와 싸우면서 총부채상환비율(DTI) 규제를 도입해 2008년 세계 금융위기의 한국경제에 대한 타격을 약화시키고 부동산 가격안정화에 기여했다. 보수적인 사법부에도 새바람을 불어넣었다.

반면에 이명박정권은 어떤가. 도대체 뭘 잘했는지 머리에 떠오르지 않는다. 이명박정권은 우선 민주주의를 후퇴시켰다. 대통령의 형 이상득을 비판한 여당의원들 주변을 비롯해 민간인들을 불법사찰했다. 노동연구원을 비롯한 국책연구원의 자율성을 훼손하고, 환경재단 등 마음에 들지 않는 시민단체를 탄압했다. 방송을 장악하기 위해 터무니없이 정연주 KBS 사장을 기소하고, 정권을 비판했다고 미네르바라는 필명의 인물을 구속시켰다. 심지어 철거민들과 충돌하면서 용산참사를 야기하기까지 했다. 이명박정권이 전두환 같은 군사독재체제라 할 수는 없겠지만, 민주주의를 후퇴시키고 독재로 향하고자 했던 것은 분명하다.

그리고 재벌에서 만들어 갖다준 '747'(매년 7퍼센트 성장, 10년 후 4만 달러 소득, 세계 7위 경제규모) 따위 장사치 수준의 헛공약을 주요 공약으로 내세울 만큼 비전을 결여했던 게 이명박이다. 4대강사업 벌여서 건설업자는 살찌게 했으되 나랏돈을 탕진하고 환경파괴의 우려를 낳았다. 꼭 전문가가 아니더라도 4대강사업이 잘못되었음은 그 추진과정만 보아도 짐작할 수 있다. 처음엔 대운하를 통한 물류를 내세우다가 그 허황됨이 드러나자 곧바로 목적을 관광으로 바꿨다. 그리고 관광 역시 어불성설임이 분명해지자 즉각 4대강 정비를 들고 나왔다. 국가의 거대사업을 이렇게 졸속으로 바꾸어가는 게 어디 제대로 된 정권이겠는가.

또한 취임하자마자 재벌과 부자를 위해 감세정책을 단행하고, 이른바 기업프렌들리를 외치면서 재벌의 탐욕을 부채질했다. 빵집, 순대집 따위 서민영역에까지 재벌이 진출하는 어이없는 일이 그 대표적인 경우다. 이리해 한국사회의 양극화는 더욱 심화되고 있는 것이다. 그리고 실용주의자인 척하더니 냉전이데올로기에 사로잡혀 반실용적인 '비바람정책'을 밀고 나갔다. 남북한 교류협력이 거의 차단당했으며, 한국 중소기업이 힘들어졌고, 마침내 전쟁의 위기까지 초래된 것이다.

일부 극단적인 진보파는 이명박이나 김대중·노무현이나 민중에겐 다를 바 없다고 주장해왔다. 그러나 이명박정권의 등장 이후 북한민중의 고통이 심화되고 있는 것 한가지만 보더라도 그 차이는 분명하다. 다만 이명박정권은 수구적 보수언론이든 재벌이든 한국의 과두지배집단들이 대개 자기편이었으므로 노정권만큼 궁지에 몰리지는 않았다. 또 권모술수에 능해 잘못된 부분이 크게 부각되지도 않았다. 하지만 민심은 많이 이반했다. 수구적 보수언론이 아무리 은폐하더라도 워낙 많은 비리를 저질러 삐져나오는 건 어쩔 수 없고, 무엇보다도 대중들에게 삶의 고단함, 억울함, 불안함이 심각해졌기 때문이다.

3

대북송금 특검, 이라크 파병, 한미FTA

 노정권의 대연정 제안과 기자실 개편에 대해선 문재인 의원도 과오를 인정했다. 그러나 대북송금 특검, 이라크 파병, 한미FTA 같은 쟁점에 대해선 그의 평가가 다르다. 여러 가지 정책결정상의 어려움을 고백하긴 했으나 어쩔 수 없었다거나 잘된 결정이라고 주장하고 있는 것이다.

 대연정 제안의 경우엔 한나라당이 수락하지 않음으로써 성사되지 않았던 반면에 대북송금 특검을 비롯한 세 사안은 노정권이 반대를 무릅쓰고 밀고 나갔으므로 그 정치적 충격은 더욱 컸다. 게다가 한미FTA 문제는 이명박정권하에서도 계속 논란이 되었다. 나아가 2012년 총선과 대선에서도 민주통합당 후보들을 답답하게 만드는 난제 중의 하나가 되었다. 이명박정권의 한미FTA를 공격하면 새누리당은 너희들이 추진한 것 아니냐고 반격하기 때문이다.

정책결정 과정 중 혹시 문의원이 『운명』에서 차마 털어놓지 못한 비밀이 있을지 알 수 없다. 만약에 그런 게 있다면 그걸 모른 채 이런저런 평가를 해보다가 헛짚을 수 있다. 그러나 과거에 비해 세상이 많이 투명해졌으므로 무슨 결정적 비밀이 그리 많을 것 같지는 않다. 또 그런 비밀의 존재 가능성 때문에 평가를 마냥 미루다보면 평가작업은 영원히 불가능하다. 생각할 거리를 제공하고자 하는 게 목적인 저술에선 무식한 자의 용기를 발동시키더라도 크게 욕먹진 않으리라.

노무현의 주요 오류는 선거시기와 통치시기의 같은 점과 다른 점을 제대로 분별하지 못한 데서 발생했다고 앞에서 지적한 바 있다. 같은 점에 대한 인식 부족이란 두 시기 모두에서 정치적 고려가 중요하다는 사실을 경시한 것이라고 했다. 결론부터 먼저 밝히자면 대북송금 특검 등의 사안에서도 그런 문제점은 극명하게 드러났다. 그런 사안들에서 노무현은 '감동을 유발하는 정치'가 아니라 '실리를 따지는 행정'에 매몰되어버렸던 것이다.

"일이 되게 하기 위해서 원칙을 저버리지 않는다"는 노무현 정신이 실리를 따지는 행정관료 또는 관료화된 참모들에 의해 맥을 못 추게 된 것이다. 주위 인사들만이 아니라 노대통령 자신도 그런 사고에 빠져들었던 것으로 보인다. 참모들 말을 잘 따르지 않는 그가 대북송금 특검 등의 사안에선 독자적인 사고를 별로 드러내지 않았다.

노무현의 헤어스타일을 한번 유심히 보라. 3당야합에 대해 "이의 있습니다"라고 외칠 때는 머리칼도 잘 빗지 않은 촌놈 같았다. 거칠고 씩씩한 운동가의 모습이었던 것이다. 퇴임 후 노무현의 희끗희끗한 헤어스타일은 브라질 대통령 룰라의 모습이었다. 서민의 친구다운 따뜻한 느낌이 풍겨왔다. 그런데 통치시기 노무현의 헤어스타일은 어땠는가. 과도한 주관적 해석인지 모르지만 고개 빳빳한 행정공무원 같지 않았는가.

대북송금 특검은 불가피했나

문재인 의원은 『운명』(227~32면)에서 대북송금 특검에 대해 다루고 있다. 노정권 정치력의 첫 시금석으로서 앞으로의 행로를 예측하게 해주는 중대 사안인 대북송금 특검을 수용하는 과정을 서술해놓았다. 김대중 대통령의 6·15 남북정상회담 때 거액의 송금이 있었고 그 돈을 현대가 부담했다는 내용이었다. 현대가 우선 부담해주면 나중에 정부가 사업을 통해 보상해주기로 했는데, 제대로 보상이 되지 않아 현대 쪽 관계자들이 발설하고 다녔다. 그리해 결국 노대통령 취임식 다음날 한나라당이 특검을 발의한 것이다.

문의원에 따르면, 의회 다수당인 한나라당이 통과시킨 특검을 노대통령이 거부하려면 대북송금이 남북관계 대전환을 위한 통치행위였음을 내세워야 했다. 그런데 그러려면 김대중 대통령이 그 일을 지시했거나 적어도 허용 또는 묵인했다고 공개적으로 말해줘야 했다. 하지만 김대통령은 기자회견을 통해 대북송금에 대해 몰랐다고 해버렸고, 그래서 통치행위였음을 내세우기가 불가능해졌다고 한다.

따라서 특검이나 일반검찰이냐를 선택해야 하는 상황으로 내몰렸다. 그런데 특검은 수사의 목적과 범위가 특정되기 때문에 국민들의 인식과는 달리 일반검찰의 수사보다 위험성이 오히려 덜하다고 한다. 일반검찰의 경우엔 온갖 정치자금이나 기업비자금까지 수사범위를 확대해 사태가 걷잡을 수 없게 될 수도 있다는 것이다.

문의원의 이런 해명엔 일리가 있다. 노정권이 검찰을 장악하고 있다면 일반검찰 수사의 위험성이 더 적을 수 있다. 그러나 취임 초기의 정권에 시퍼런 칼을 겨누고 있는 검찰을 제압할 능력을 노정권은 갖추고 있지 않았다. 그리고 특검의 경우 수사기간이 제한되어 있고 일반검찰보다 능력이 뒤떨어지는 경우가 많다는 것은 2007년 삼성특검 당시 검찰 출신의 김용철 변호사도 지적한 바 있다. 실제 삼성특검은 비자금으로 사들인 의혹이 있는 수많은 고가 미술품 수사를 포기하는 등 수사가 부실했다.

일반국민들은 특검이라 하면 말 그대로 특별하게 잘할 것 같은데, 반드시 그렇지는 않은 것이다. 일반검찰이 정권에 장악되어 있을 때에만 어느정도 의미를 갖는 게 특검인 셈이다. 이게 통념과 진실의 괴리다. 따라서 노정권의 특검 수용이 불가피했다고 볼 수도 있다. 그리고 특검을 수용하지 않으면 총리 임명에 동의하지 않겠다는 한나라당의 협박도 감안할 필요가 있었을 것이다(『안희정과 이광재』, 197~98면).

그러나 그 결과는 정치적으로 치명적이었다. 노무현을 지지했던 세력이 크게 호남과 진보개혁파로 구성되어 있다고 한다면, 대북송금 특검으로 인해 김대중을 비롯한 호남이 정권 초반에 멀어져나간 것이다. 또 2003년 9월 노대통령은 광주·전남 언론인들과의 대화에서 "나를 대통령으로 만들어준 호남에 대해 반드시 의리를 지키겠다. (…) 호남사람들이 나를 선택한 것은 전략적으로 볼 수 있으며, 사실 내가 유일한 대안이 아니었나. 호남사람들의 당시 정서는 이회창 후보에 극도의 거부감을 갖고 있었고, 지역구도를 타파하기 위해 경상도 사람인 나를 선택하게 된 것이 아니냐"고 말한 바 있다. 그런데 이게 "호남사람들이 나를 위해서 찍었나요. 이회창이 보기 싫어 이회창 안 찍으려고 나를 찍은 거지"라고 거두절미하고 게다가 비아냥거리는 투로 발언한 것으로 왜곡보도되면서 노대통령과 호남의 관계를 악화시켰다. 당시의 왜곡보도는 대화 자리에 참석했던 언론인에게서 이야기를 전해들은 김경재를 통해 비롯되었다. 파문이 커지자 광주일보 정치부장이 노대통령의 발언 내용을 상세히 소개하면서 그를 옹호했지만 별로 소용이 없었다(『오마이뉴스』 2003년 9월 25일자 「광주일보 정치부장 '노대통령 호남비하 발언은 없었다'」 참조).

그리고 호남세력 중에는 대선기간 중 후보단일화추진협의회를 만들어 노후보를 떨어뜨리려는 인물들이 있었는데, 노무현은 선거 후에 이들을 제대로 품어안는 시늉을 하지 않았다. 노무현은 싫은 건 어쩔 수 없는 성격이었으니까. 이런 성격은 불굴의 의지로 싸우는 운동가에게는 들어맞는데 정치력을 발휘해야 하는 통치자에게는 부적합하다.

그렇다면 대북송금 특검 문제와 관련해 뭔가 대안은 없었는지 살펴보자. 물론 문의원이 고백했듯이 대안 찾기는 참으로 어려운 일이다. 하지만 대안 없는 비판은 무의미하다. 그리고 바둑의 복기에서 다른 수를 생각해봄으로써 실력이 향상되듯이, 대안을 고민하는 훈련을 통해서만 정치적·정책적 내공이 깊어질 수 있는 법이다.

대선을 전후해 노무현 측과 김대중 측 사이에서는 소통이 원활하지 않았던 것으로 보인다. 김대중은 대선과정에서 노무현을 적극적으로 지원하지 않았고, 동교동계는 이인제를 밀었던 것으로 알려지고 있다. 그런 탓인지 노무현 측은 선거가 끝난 후 김대중 측의 협력을 구하는 자세가 부족했다. 대북송금 문제와 관련해 문희상 비서실장을 김대중 측에 한번 보낸 걸로 혹시 노무현 측이 할 일을 다했다고 생각한 게 아닌지 모르겠다. 어쩌면 법률가적 사고에서 사건을 일으킨 김대중 측과 자주 접촉하면 괜한 오해를 살 가능성이 있다고 생각했는지도 모르겠다.

2010년에 발간된 김대중 대통령의 회고록에서(『김대중 자서전』 제2권 528면) 그는 빈손으로 갈 수 없어 1억 달러를 현대그룹을 통해 북한에 제공했다는 사실을 털어놓고 있다. 그것 말고도 현대그룹이 북한과 4억 달러의 대북송금에 합의한 것도 자신이 보고받았다고 기록하고 있다.

대북송금 문제가 처음 불거졌을 때와는 달리 나중에는 김대중이 진실을 말하고 있는 것이다. 따라서 노무현 측이 취임 당시 끈질기게 설득했더라면 김대중이 요구를 수용해서 "대북송금 보고 받았다"라고 공표했을 가능성이 전혀 없지 않은 것이다. 그리고 끈질기게 접촉했더라면 김대중 측이 비록 그렇게 공표하지는 않더라도 최소한 노대통령의 특검 수용에 대해 양해는 했을 것이다.

그런데 그렇게 하지 않은 것으로 보인다. 『김대중 자서전』(제2권 529면)에 따르면 노대통령이 대북송금사건 특별법안을 공포한 지 한 달쯤 지나 노무현 부부와 김대중 부부가 동반만찬을 한 일이 있었다. 그때 노대통령은 자리에 앉자마자 "현대 대북송금은 어찌된 일이냐"라고 물었다고 한다. 때문에 김대중은 몹시 불쾌했고 오해가 풀리는 데 시간이 오래 걸렸다.

이건 아마도 노무현이 집권 이후 김대중의 도움이 절실하다는 점을 깨닫지 못했기 때문이 아닌가 싶다. 김대중은 곧 호남이며 또한 그의 통치경험도 참고할 게 적지 않았을 것이다. 그러나 자수성가형의 노무현은 그런 협력이나 조언을 경시했다. 노무현뿐만 아니라 참모들도 동교동계 식의 정치스타일이 아닌 새로운 정치문화를 개척하고 싶었는지 모르겠다. 지역구도 극복이 필생의 과제였던 노무현에겐 김대중도 지역구도의 산물로 보였을 수 있다. 하지만 권력기반이 취약한 노무현이 김대중과 호남을 소홀히 한 것은 정치적 실책이었다.

김대중 측과 소통이 잘 안 되는 상황에서는 어찌했어야 할까. 이런 상황에서도 노대통령이 특검을 거부하고 대북송금에 대해 '통치행위'라고 선언하면서 검찰에는 수사하지 말라고 특별지시를 내릴 수는 없었을까(『운명』 228면 참조). 이리하면 당연히 수구적 보수언론과 검찰이 격렬하게 반발했을 것이다. 대통령직을 걸어야 할 큰 싸움이 벌어졌을지도 모른다. 그러나 이건 해볼 만한 싸움이다. 말하자면 의미있는 '전선 치기'인 셈이다.

선거법 위반 발언 따위로 탄핵에 걸리는 것에 비해 대북송금 문제는 명분도 있고 지지세력도 훨씬 강력했을 것이다. 남북관계를 파탄 내지 않기 위해선 대통령직도 걸 수 있다고 했으면 또 한번 국민들이 감동하지 않았겠는가. 집권 이전에 국민들이 보았던 노무현 정신이 바로 이런 것이었다.

물론 선거법 위반 발언은 일종의 말실수였고 탄핵을 당하리라고는 예상하지 않았을 것이다. 반면에 특검을 거부하고 대북송금을 통치행위라고 선언한다면, 아직 민주당이 쪼개지기 전이라 곧바로 탄핵을 당하지는 않았겠지만, 국정운영에 커다란 애로를 겪을 각오를 해야 했다. 그러나 5년 내내 한나라당에 질질 끌려다닌 것에 비해 이렇게 초반에 승부를 걸었더라면 오히려 국정운영이 더 편해졌을 수도 있다.

그리고 이런 승부가 너무 위험해 특검이나 일반검찰 중 선택해야 했다면 어찌해야 했을까. 이 경우엔 수사범위가 비록 확대되는 한이 있더라도 특검을 거부하는 게 정치적으로 옳았다고 판단된다. 특검을 거부하는 행위는 보수수구세력의 공세에 대한 저항이다. 반대로 특검을 수용하는 행위는 보수수구세력에 대한 굴복이다. 실제로 그런 측면이 있을 뿐만 아니라 국민들에게도 그렇게 비치고 있는 상황이었다. 그런 인식을 고칠 방법도 없었다.

수사범위의 확대를 막는다고 하는 사고방식은 '변호사 실리주의'다. 법정에서 피의자의 처벌을 최소화하려는 발상인 셈이다. 이는 실리를 추구한다는 점에서 행정관료와 일맥상통한다. 한나라당의 특검 요구는 정치공세인데 정치적으로 대응하지 않고 변호사 실리로 대응했으니 정치적 타격이 커졌다. 특검을 수용함으로써 수사범위가 좁아졌는지는 모르지만 민심은 크게 이반되었다. 소탐대실(小貪大失)이고 정권운영의 첫 단추를 잘못 꿴 셈이다.

요컨대 대북송금 특검 수용의 대안은 첫째가 김대중 측과의 밀접한 소통을 통해 김대중이 진상을 제대로 밝히도록 하고 그에 근거해 노대통령이 통치행위 선언을 하는 것이었고, 둘째론 김대중 측과의 소통에 실패했더라도 통치행위를 선언하고 검찰수사 중단을 지시하는 것이었으며, 이것도 저것도 힘들다면 셋째론 노대통령이 국회에서 통과시킨 특검에 대한 거부권을 행사했어야 하는 것이다.

이라크 파병은 정당했나

노정권은 대북송금 특검에 의해 호남을 이반시킨 다음에 정권의 또다른 지지세력인 진보개혁세력을 실망시키는 이런저런 정책도 시행했다. 그 대표적인 경우가 이라크 파병이다. 미국의 이라크 침공은 대량살상무기가 이라크에 존재한다는 허위사실을 극우파가 조작해 일으킨 전쟁이고, 그에 따라 국제사회로부터도 엄청난 비난을 받았다.

그런 전쟁에 노정권이 한몫 끼어든 것이다. 1964년에 통킹만 사건을 조작해 미국이 베트남전쟁에 대대적으로 개입하고 거기에 한국이 파병한 것과 일맥상통한다. 박정희 식 군사독재정권도 아닌 진보개혁정권이라면서 이런 일을 벌였으니 격렬한 논란이 일어난 것도 당연했다.

문의원은 『운명』(267~70면)에서 이라크 파병을 변호하고 있다. 청와대의 정무분야 참모들을 비롯해 문의원 자신도 처음엔 파병에 반대했다고 한다. 노대통령도 개인적으로는 파병을 좋은 일로 생각하지는 않았다고 한다. 그런데 북한과 미국의 관계가 파병을 불가피하게 만들었다는 것이다.

대선기간인 2002년 10월에 미국 관료들이 평양을 방문해 북한 당국으로부터 고농축우라늄 개발프로그램의 존재를 시인받은 사건이 일어난 바 있다. 이로부터 전개된 북핵 위기의 해결이 취임 초 노정권의 긴급한 현안으로 떠올랐다. 그런 상황에서 2003년 3월에 미국이 이라크를 침공하면서 한국에 파병을 요청했다. 북핵 위기의 평화적 해결을 위해 미국의 협조가 절실했던 노정권으로선 미국의 파병 요구를 수용할 수밖에 없었다는 것이다. 『운명』에서는 파병을 계기로 북핵문제가 6자회담 등을 통해 노대통령이 원하는 대로 풀려갔다고 한다.

문의원의 술회를 보면 파병 결정의 고통스러움을 이해할 수 있다. 특히 노대통령이 파병 방침을 발표하는 문안에서 '정의로운 전쟁'이라든가 '경제적 이익' 따위의 내용을 빼라고 했다는 대목이 그런 분위기를 잘 전하고 있다. 이런 과정에서 파병하되 비전투병으로 병력을 구성하고, 파병 성격도 전투작전이 아니라 전후 재건사업으로 한정했다고 한다.

그러면서 문의원은 진보개혁진영의 파병 반대 덕분에 정부가 전투병이 아닌 비전투병을 보낼 수 있었다고 한다. 하지만 그는 파병이 북핵 위기의 해결에 결정적 역할을 했다는 사실이 드러난 지금에 와서까지 파병이 잘못되었다고 평가하는 데에는 동의하지 않는다고 한다. 나는 외교안보에는 문외한이다. 게다가 파병이나 북한과 관련된 사안에 혹시 문의원이 책에서 다 밝히지 못한 국가기밀이 있는지도 모른다. 따라서 판단을 주저할 수밖에 없지만 그래도 몇가지 문제제기는 가능하지 않을까 한다.

첫째로, 파병이라는 방식을 통해 미국에 협조하지 않았다면 과연 한반도에 어떤 피해가 초래되었을까 하는 문제다. 남한에서 미군을 일부 빼가는 정도라면 그건 감당할 수 있지 않았을까 싶다. 수구적 보수언론과 한나라당이 시끄럽게 했겠지만 대의명분에서 결코 밀리지 않는 이런 전선을 두려워할 이유가 없다. 문의원도 미군이 전면철수할 가능성을 지적하진 않았다.

정말로 큰 문제는 미국 네오콘(neo-conservatives, 신보수주의자)의 주장대로 북한 폭격이 단행될 위험성이다. 문의원 말대로 이런 가능성이 실제로 존재했고 그게 파병에 의해서만 저지될 수 있었다 치자. 그렇다면 파병이 불가피했다는 점에 동의하지 않을 수 없다. 1994년 1차 북핵 위기 때 미국은 북한 폭격을 실제로 검토한 바 있다. 따라서 2차 북핵 위기에 직면해 북한 폭격의 가능성을 배제할 수는 없었을 것이다. 1994년의 미국 민주당 클린턴 정권에 비해 2003년의 공화당 부시 정권은 훨씬 막무가내였으므로 위험성은 더 컸다고도 할 수 있다.

그런데 부시가 아무리 막가파일지라도 남한의 뜻을 깡그리 무시하고 북한 폭격을 단행할 수 있었을 것으로는 보이지 않는다. 1994년 북한 폭격을 검토했을 때 그에 따른 미군과 한국민의 피해 역시 막심할 것으로 예상되어 포기한 바 있다. 게다가 이미 아프가니스탄에서 전쟁 중이고 이라크에서 새롭게 전쟁을 시작한 미국이 한반도에서 또다른 전선을 펼치는 건 힘들다고 봐야 하지 않을까 싶다.

아프가니스탄이나 이라크와는 달리 북한은 군사적으로 그리 만만한 나라가 아니다. 더구나 북한 뒤에는 중국이 있다. 북한과 중국은 1992년의 한중수교로 인해 1990년대엔 불편한 관계였다. 하지만 2000년 김정일의 중국 방문 이후 관계가 크게 개선되었다. 이런 상황에서 미국이 중국을 무시하고 북한과 한판 전쟁을 벌인다는 건 상상하기 곤란하다.

북한 폭격의 가능성이 존재하는 경우엔 한국은 항상 미국의 부당한 요구까지 받아들여야 하는가. 이게 어쩔 수 없는 약소국의 설움인가. 한미관계에서는 북한이 사실상 미국의 인질로 잡혀 있는 상태인가. 그렇더라도 파병 대신에 이라크에 대한 인도적 지원사업을 벌이는 선에서 대미협상을 밀고 나갔다면 어땠을까.

역발상을 해보자. 북한의 핵무기에 대해 미국은 계속해서 우려해왔다. 한국의 이라크 파병이 북한을 더욱 긴장시켜 핵무장을 강화할 위험성이 있음을 미국에 강조할 수도 있는 게 아닌가. 다시 말해 북한이 미국의 인질이 아니라 한국의 내니 협상카드로 사용되지 말란 법이 없다. 그런 자세로 먼저 6자회담을 이끌어내고 파병 결정은 가능한 미뤘으면 어땠을까.

둘째로, 북한 폭격의 가능성이 그리 크지 않다 하더라도 완전히 배제할 수 없는 상황이라면 파병을 택할 수밖에 없었다고 양해할 수 있다. 북한 폭격이 초래할 피해가 워낙 심각하기 때문이다. 이런 경우에 문제는 홍보다. 노정권이 진보개혁진영을 포함해 국민들에게 파병의 불가피성을 충분히 전달했다고 보기 힘들다. 기껏 텔레비전 토론 몇차례 한 걸로 할 일 다했다고 할 수는 없을 것이다. 사회원로나 시민단체 등과 제대로 대화를 나눴다고 보기 힘들다.

　노정권의 홍보 실력은 워낙 형편없었기 때문에 새삼 강조할 필요도 없을 것이다. 수구적 보수신문이 지배하는 언론계라서 홍보 실력은 어쩌면 더욱 중요했다고 할 수 있다. 그런데 통치시기 내내 수구적 보수신문에 짓밟히기만 했지 제대로 된 홍보전략을 펼치지 못했다. 좀 심하게 비판하면, 청와대의 홍보담당자들 중에는 수구적 보수신문들에 대해 그 신문들은 나쁘다고 외치면 그게 홍보인 걸로 착각하는 인물이 있었던 게 아닐까 짐작할 정도다.

　북한 폭격의 가능성은 이미 『뉴욕타임스』 등에서 언급한 바 있었으므로 국가기밀에 속하는 사안은 아니었다. 그리고 2003년 5월 노대통령의 미국 방문 때 미국이 준비한 한미공동성명 초안에 북한 폭격의 가능성을 열어놓았다고 한다. 그걸 노대통령이 뚝심으로 밀어붙여 북한 폭격 가능성에 대한 언급을 삭제하고 '대화를 통한 평화적 해결'로 성명 문안을 바꾸었다고 한다(『운명』 264면). 그렇다면 이런 제반 사정을 파병반대파를 비롯한 국민들에게 솔직히 털어놓고 열심히 이해를 구했어야 하지 않을까 싶다.

　파병을 서둘러야 할 이유가 없다. 따라서 문제를 빨리 매듭지으려 하기보다는 파병문제를 도리어 노정권과 시민사회 사이의 소통을 발전시키는 계기로 삼았더라면 어땠을까. 대화하고 또 대화하는 모습을 보였더라면 반대파도 결국 지쳐 떨어지지 않았을까. 너무 비현실적인 이상론일까. 노무현은 조선일보에 굴복하지 않고도 대통령 자리에 오른 탓에 홍보를 경시했던 게 아닌가 싶다.

우리의 진보개혁진영은 독재체제라는 괴물과 싸우는 과정에서 안타깝게도 부분적으로 괴물을 닮게 되었다. 그것이 바로 독선적 경향이다. 국민 다수가 적어도 겉으로는 박정희 유신체제를 지지하고 전두환 군사독재를 받아들이던 상황 속에서 불굴의 반독재투쟁을 전개하려면 자기확신이 필요하다. 그런데 자기확신은 전위적 태도와 독선적 경향을 불러오기 쉽다. 그저 국민에게 옳은 길을 제시하고 따라오라고 외칠 뿐이지 국민과 같이 호흡하면서 소통하기 힘들어지는 것이다. 이라크 파병 문제에 대한 노정권의 홍보 부족도 상당정도 여기에서 비롯된 셈이다.

그리고 대북송금 특검 문제에서 노정권이 바르게 대처했더라면 이라크 파병 문제에 대한 국민 설득도 쉬워졌을 수 있다. 남북관계 파탄을 막기 위해 검찰의 수사 중지를 지시했더라면, 역시 남북관계 파탄을 막기 위해 파병이 불가피하다는 정권의 호소가 먹혀들 가능성이 훨씬 커지지 않겠는가. 첫 단추를 잘못 끼운 게 계속해서 운신을 어렵게 만들었다고 할 수 있다.

셋째로, 만약 북한 폭격의 위험성 때문이 아니라 그저 미국과의 동맹관계를 강화하기 위해 파병했을 가능성을 따져보자. 노정권에서 내각은 물론 청와대의 외교·국방 참모들도 친미파가 주류였다. 아니 그들은 미국을 숭배하는 숭미파(崇美派) 또는 미국을 두려워하는 공미파(恐美派)라고 불러야 할지도 모르겠다.『운명』에서는 이들이 파병에 적극 찬성했다고 밝히고 있다.

얼마 전 미국의 비밀문서를 폭로한 위키리크스(www.wikileaks. ch)에 따르면 미국은 이명박을 뼛속까지 친미 친일이라고 평가한다는 구절이 있다. 노정권의 외교·국방 관료들은 이명박과 얼마나 다를까. 아마도 이들은 파병으로 얻을 수 있는 외교적 실리와 파병을 거부했을 때 초래될 외교적 손해를 강조했을 것이다.

『운명』에 따르면 노대통령이 이런 실리 때문에 파병을 결정한 것으로 보이지는 않는다. 그는 "옳지 않은 선택이었지만 회피할 수 없는 선택이었다"(『운명』 270면)고 술회하고 있다. 하지만 외교적 실리주의 관료들의 영향을 받지 않을 수는 없었을 것이다. 그리고 노대통령이 베트남전 참전 때와 같은 직접적인 경제실리는 아닐지라도 한미관계의 공고화를 염두에 두었을 수는 있겠다.

만약에 그랬다면 커다란 정치적 과오가 아닐까 싶다. 도대체 이라크 파병으로 한미관계가 특별히 공고해졌는지 의문이다. 『운명』에서도 북핵문제 아닌 한미관계가 특별히 달라졌다는 언급은 없다. 또 한미관계가 정말로 파탄나지 않는 한, 단지 한미관계 공고화를 위해 국내정치를 무시한다는 것은 본말의 전도다.

미군이 주둔하는 독일은 아프가니스탄에는 파병했으나 이라크 파병은 거부했다. 우리는 독일보다는 약소국이고 북한이라는 변수를 갖고 있지만 미국의 요구를 반드시 맹종했어야 하는지 의문이다. 미국에 맹종하지는 않을 지도자라고 국민이 노무현을 선택한 게 아니던가.

베버는 정치가의 경우 신념윤리와 책임윤리가 균형을 이루어야 한다는 점을 강조했다. 신념이 없어도 곤란하지만 '무책임한 신념의 정치가'도 경계한 바 있다. "무릎을 꿇고 살기보다 서서 죽기를 원한다"면서 이라크 파병 문제 같은 사안을 무책임하게 다루어선 안 된다. 한 민족의 생명을 걸고 함부로 도박해서는 안 되는 것이다. 하지만 그렇다고 정반대 편향으로 미국의 요구라면 무조건 수용해야 하는 건 아니다.

  실력을 갖춘 진보개혁적 외교전문가를 찾기 힘든 상황에서 바른 방향을 찾기는 쉽지 않았을 것이다. 그래도 안타까운 마음은 여전하다. 어떻게 했어야 하는지 분명한 대안은 눈에 보이지 않는다. 그러나 파병의 불가피성 여부를 철저하게 검토하고, 자주적 대미관계를 어떻게 구축할 수 있을지 따져보고, 이런 문제에서 국민과 어떻게 소통할지를 제대로 반성하지 않는다면 진보개혁정권이 다시 들어서더라도 비슷한 어려움이 되풀이될 위험성이 있다.

한미FTA와 지지세력의 이반

  이라크 파병에 이어 진보파와 노정권의 사이가 틀어진 또 하나의 계기가 한미FTA였다. 노정권을 지지하던 일부 진보파가 이반하게 되었고, 애당초 노정권에 비우호적이었던 민주노동당 등 다른 진보파 일부는 정권공격의 날을 더욱 날카롭게 세우게 되었다. 심지어 이정우, 정태인 등 청와대에 근무했던 진보적 지식인들도 한미FTA 반대에 목청을 높였다. 그리해 대연정 제안과 더불어 한미FTA는 노정권에 대한 마지막 결정타가 되었다.

그런데 『운명』에서는 대북송금 특검이나 이라크 파병에 대해선 어쩔 수 없었다고 소극적으로 변호하고 있는 반면에 한미FTA에 대해선 긍정적 성과라고 적극적으로 평가하고 있다. "교섭에 있어서 만큼은 (…) 최대한 우리 이익을 지켜내려 했고, 실제로 그렇게 했다"(『운명』 348면)는 것이다. 물론 이명박정권이 재협상을 통해 미국의 요구에 굴복한 새 한미FTA에 비하면 우리 이익에 보다 충실했다고는 할 수 있다. 그러나 노정권이 정치적 타격을 무릅쓰고라도 추진했어야 할 만큼 한미FTA는 의의있는 일이었을까.

먼저 한미FTA 문제는 개방이냐 쇄국이냐의 문제가 아니라는 점을 분명히 해야 한다. 조선왕조의 쇄국에서 개방의 길로 나아가는 1876년 강화도조약 같은 게 아니라는 것이다. 이미 한국은 무역주도 성장을 통해 많이 개방된 나라이고, 특히 1997년 IMF구제금융 사태로 외국에 문을 더욱 활짝 열어젖힌 상태였다. 한미FTA를 빨리 추진하지 않는다고 나라가 결딴난다든가 하는 게 아니었다. 이것저것 충분히 고려하면서 차근차근 추진해도 되는 일이었다.

한미FTA 반대파 중에는 개방이라고 하면 무조건 알레르기를 일으키는 집단들이 있다. 이건 잘못된 관점이다. 개방은 대세며 시장의 확대발전을 의미한다. 그런데 이런 반대파에 대한 역편향으로, 그러면 개방하지 않고 어쩌자는 말이냐 하는 식으로 접근하는 것도 오류를 범할 위험성이 있다. 개방의 시기와 방식에 대한 고민이 부족해지기 때문이다.

노대통령은 "철저하게 장사꾼 논리로 협상하고 한미동맹 관계나 정치적 요소들은 절대로 의식하지 마라. 모든 정치적인 책임은 내가

진다"고 역설했다고 한다(『운명』 347면). 그런데 장사꾼 논리 즉 경제적 실리를 제대로 따졌는가 하면 꼭 그런 것 같지도 않다. 긍정적 효과는 불분명한 데 반해 부정적 효과가 만만찮은 것이다. 게다가 경제적으로 이득이 손실보다 조금 크다 하더라도 그게 정치적 손실로 상쇄된다면 의미가 없다.

 노대통령이 초기에 한미FTA의 목표로 내세웠던 써비스업 구조개혁은 기대할 게 없다. 개성공단 제품의 한국산 인정에 의한 수출증진도 핵문제 등 넘어야 할 미국 내 걸림돌이 너무 많아 사실상 실현 불가능했다. 기껏 자동차 수출증대를 예상해볼 만한데, 사실 자동차 수출에선 일본 차에 대비한 경쟁력이 중요한 의미를 갖는다. 따라서 크게 변동하는 환율 특히 일본 엔화 가치와 대비한 환율에 비해 FTA에 의한 관세인하 효과는 별로다. 근래 한국의 자동차수출 증대에도 엔화 가치가 원화 가치에 비해 50퍼센트가량 절상된 효과가 결정적인 것이다. 또 2011년 대미수출 비중은 10퍼센트로서 대중(對中)수출 24퍼센트의 절반에도 미치지 못하며, 그런 현실이 한미FTA로 크게 달라질 전망도 희박하다.

 반면에 농업의 피해, 의료비 증가, 특히 투자자-국가 소송제(ISD) 같은 녹소조항 문제의 심각성에는 노정권이 둔감했다. 외국에 투자한 기업이 투자국 정부의 정책으로 피해를 입었을 때 해당 국가를 세계은행 산하 국제투자분쟁해결센터에 제소할 수 있게 하는 제도가 투자자-국가 소송제다. 그 해결센터의 구성이 국가법원과는 달라 국가의 이익보다 자본의 이익을 우선하기 쉽다.

 그리해 멕시코나 아르헨띠나 등 여러 나라가 여기에 걸려 막대한 배상금을 물게 된 일이 있다. 나아가 그 위험성 때문에 정책의 자율성이 침해받을 소지가 크다. 때문에 일본도 싱가포르와 자유무역협정을 체결할 때 싱가포르를 경유한 자본이 소송을 제기할 위험성을 우려해 투자자-국가 소송제 조항을 뺐다고 한다. 그리고 이런 문제점은 이명박정권에 들어와서도 다시금 부각되었고 한미FTA 재재협상의 주요 안건으로 올라와 있는 것이다.

요컨대 경제적으로만 따져도 한미FTA는 반드시 유리하다고 할 수 없다. 물론 한미FTA 같은 정책의 미래 효과를 정확하게 예측하는 일은 불가능하다. 그리고 한국경제의 수준은 라틴아메리카보다는 높다. 따라서 한미FTA로 인해 한국경제가 형편없이 망가질 거라는 반대론자들의 주장도 과장된 느낌이 든다. 게다가 정말로 폐해가 심각하게 드러나면 폐기할 수 있는 길이 완전히 닫혀 있는 것도 아니다. 하지만 반대로 한미FTA가 그리는 장밋빛 미래도 설득력이 없으며, 투자자-국가 소송제에 따른 사법주권 상실의 위험성을 경시할 수도 없다.

한미FTA의 경제적 평가는 이 정도로 하고 정치적 고려사항 등을 따져보자. 첫째로, 한미FTA를 주도한 김현종(金鉉宗)에 대한 평가 문제다. 문의원은 그가 충분한 검증을 통해 실력을 인정받고 통상교섭본부장 자리에 올라 한미FTA를 추진했다고 서술하고 있다. 그가 능력이 있는지는 모르겠다. 하지만 그가 진정으로 한국 국민의 이익을 우선시했는지는 의문이다.

위키리크스의 폭로문서에 따르면, 그는 한국 국민보다는 미국 제약회사의 이익을 위해 죽도록 싸운 인물로 묘사되고 있다. 2006년

7월 그는 주한 미국대사에게 전화를 걸어 한국정부의 약제비 적정화방안에 대해 미리 알려주었다. 그리하여 한국정부가 공식적으로 발표하기 전에 미국정부가 의미있는 코멘트를 할 시간을 주고, FTA 의약품 작업반에서 미국정부가 협상을 유리하게 할 수 있도록 했다고 한다(2006년 7월 25일 주한 미대사관이 작성한 문서).

김현종은 위키리크스 보도에 대해 아직껏 해명한 바 없다. 또 자기 책에서도 유시민 당시 복지부 장관이 도입한 약제비 적정화방안의 문제점을 지적하고 있다(『김현종, 한미FTA를 말하다』 126~30면). 즉 위키리크스 보도대로 미국 제약회사의 이익을 위해 유장관과 죽도록 싸운 게 아닌지 의심이 들 수밖에 없는 셈이다. 노무현정권은 이런 인물에게 한미FTA를 맡겨놓고 성과가 좋았다고 평가하는 게 올바른지 의문이다.

둘째로, FTA협상의 순서 즉 어느 나라와 먼저 FTA를 체결할 것인가 하는 문제다. 한국의 FTA 역사를 간단히 되돌아보자. 한국은 2004년 칠레와 최초로 FTA를 맺었다. 당시에도 농민들의 반대가 컸으나 협정 발효 이후 국내농산물 시장의 피해는 농민들이 우려하던 것보다는 적었다. 그후 2006년 한-싱가포르FTA가 별 저항 없이 맺어졌다.

이런 물결 속에서 한일FTA가 준비되어갔다. 한일FTA는 김대중정권하에서부터 연구되었고, 정태인 비서관의 주도 아래 상당한 연구가 진척되었다. 그런데 정비서관이 갑자기 사임하면서 한일FTA는 중지되었다. 그리고 그의 역할을 계승할 인물이 충원되지 않으면서 FTA에 관해 김현종의 독주체제가 성립한 셈이다. 이리해 한일

FTA에 비해 준비는 훨씬 부족했으나 정치적 부담은 엄청나게 큰 한미FTA가 추진된 것이다.

한일FTA가 순조롭지 않을 때나 그것이 성사되고 난 후에는 한미FTA보다는 한-EU FTA를 먼저 추진하는 게 경제적으로도 정치적으로도 바람직한 방향이었다. 김현종은 EU 측이 한국과의 FTA에 관심을 보이지 않아서 한미FTA로 방향을 틀었다고 한다. 그러나 그의 책을 보더라도 EU를 협상 테이블로 끌고 오려는 노력은 거의 드러나지 않는다. 실제로 한미FTA 협상이 진행되는 과정에서 EU 쪽이 FTA협상을 제의했는데도, 한미FTA 협상을 핑계로 EU와의 본격 협상을 미뤘다. EU가 먼저 협상을 제의한 것을 보건대 애당초 EU 쪽에 열의를 더 기울였다면, 미국에 앞서 그들과 FTA협상이 충분히 가능했을 것이다.

EU와의 FTA는 우선 경제적으로도 유리했다. 이명박정권 시절에 체결된 협정 내용을 보면 알 수 있지만, 한미FTA의 가장 큰 독소조항인 투자자-국가 소송제가 빠져 있다. EU는 국가들의 연합체이므로 개별국가의 주권과 관련된 그런 조항을 요구할 형편이 아니었기 때문이다. 개성공단 제품의 한국산 인정 문제를 다루자고 EU가 먼저 제안하기도 했다. 하지만 북한에 대해 '비바람정책'을 채택한 이명박정권이 여기에 소극적이라 협정에 포함되지 못하고 말았다. 노 정권하에서라면 포함시킬 수 있었을 터인데다, 북한 핵문제 등과 분리 가능해 실효성도 한미FTA보다 훨씬 컸을 것이다. 게다가 한미FTA가 쇠고기, 스크린쿼터 등 이른바 FTA 선결조건으로 국민들의 분노를 끓어오르게 만든 반면에 한-EU FTA에서는 그런 문제가 존재하지 않았다.

따라서 한-EU FTA는 한미FTA에 비해 진보개혁진영의 우려와 반대가 상대적으로 훨씬 적었다. 정권 측의 정치적 부담이 적은 셈이다. 노정권이 숭미파 관료들의 실리주의에 매몰되지 않고 정치적 고려를 무시하지 않았다면 한-EU FTA를 먼저 추진했을 것이다. 그리고 한-EU FTA의 성과를 전제로 차후에 한미FTA에 나섰더라면 개성공단이나 투자자-국가 소송제 문제도 우리에게 유리하게 전개되었을 가능성이 크다.

셋째로, 한미FTA를 주도한 김현종이 김종훈(金宗壎) 같은 실리주의 관료와 어떻게 상대해야 하는가 하는 문제를 따져보자. 노대통령도 초기엔 한미FTA의 위험성을 인식하고 있었던 것 같다. 자신의 지지기반이 FTA를 지지하지 않을 것이고, 그 상대가 미국이라면 더욱 반대할 것을 고민했다고 한다(『김현종, 한미FTA를 말하다』 40~41면). 그런데 시간이 흐르면서 점점 실리주의 관료들의 입장으로 기울어졌다. 그리해 정치적 고려를 도외시하고 만 것이다.

어느 정권이든 관료와의 관계는 쉽지 않은 문제다. 특히 관료들의 일반적 성향과 괴리가 있는 진보개혁정권의 경우엔 관료들과의 관계에서 헤매기 십상이다. 허지만 그렇다고 관료들을 무시하고 국가를 움직여갈 수 없다. 전문적 훈련을 받은 관료들이 규정과 명령에 따라 이끌어가는 대규모 행정 없이는 근대국가가 존립할 수 없는 것이다. 그러나 관료는 규정에 얽매여 창의적 변화를 받아들이기 어려우며 조직이기주의에 빠지는 폐해를 갖고 있다. 때문에 스스로의 결단에 의거하고 국민 전체를 대상으로 하는 정치행위가 필요한 것이다.

결국 정치가와 관료 즉 정치와 행정 사이에는 모순이 존재하기 마련이고, 그 모순 속에서 양자의 적절한 균형을 유지하는 게 정치지도자의 책임이다. 그런데 진보개혁진영의 인물은 대체로 우리 사회의 비주류에 속한다. 이러다 집권세력이 되어 능력있는 관료 같은 주류 인물을 접하면 자기도 모르는 사이에 혹해버리고 정치의 고유 역할을 잊어버리는 경우가 있다. 노대통령이나 문의원이 김현종 등에게 포획되어버린 게 이에 해당하는 셈이다.

김대중정권 때도 비슷했다. 김대중이 대통령에 당선된 후 당시 모 경제관료로부터 보고받았을 때의 이야기다. 그 관료는 주어진 시간 내에 요령있게 브리핑하기 위해 초 단위로 브리핑을 리허설했다고 한다. 이렇게 준비가 철저한데다 많은 축적된 정보들을 갖고 있으니 정보채널도 부족하고 보고능력도 뒤떨어지는 대부분의 진보개혁진영 인사와 관료가 그냥 경쟁하면 관료가 필승하기 마련이다. 그래서 김대중정권에서도 노무현정권에서도 진보개혁인사들의 힘은 얼마 지나지 않아 약화되어버린 반면에 관료들은 갈수록 힘을 얻게 되었다. 단적으로 노정권 출범 당시 청와대 비서관급 이상 참모와 내각 중 32퍼센트였던 관료출신이 3년 뒤엔 40퍼센트로 늘어났고, 특히 경제라인의 경우 이정우 정책실장이 물러나면서 100퍼센트 관료로 채워졌다.

능력이 모자라면 도태되는 게 당연한 게 아니냐고 생각할 수 있다. 그러나 행정적 과제가 아닌 정치적 과제를 관료에게만 맡겨두면 안 된다. 특히 노정권처럼 정치적 기반이 취약한 경우엔 더욱 그렇다. 따라서 진보개혁인사들과 관료들 중 어느 쪽이 잘하나 하고 그냥 두고 볼 게 아니라 정치적 고려가 필요한 사안에서는 대통령이 진보개혁인사들에게 힘을 실어줘야 한다. 그래야 정치적 과오를 범하지 않는다.

노무현도 관료문제에 대해 고민이 적지 않았다. 나름대로 방향을 정했던 듯싶다. 과거 정부와는 달리 관료를 개혁의 대상 또는 적으로 삼아 대대적인 물갈이를 추진하지는 않았다. 관료의 자율성을 존중하면서 개혁의 주체로 유도해보고자 한 것 같다(『진보와 권력』 259면). 정부 내 진보개혁인사들의 수명도 김대중정부 때보다 길기는 했다. 그러나 역시 한계가 있었다. 진보개혁인사들의 수명이 상대적으로 길었다 해도 정도 차이였고, 관료들에 점점 포획되어갔다. 대선시기 노무현 후보를 인터뷰했을 때 "보수적인 관료를 어떻게 상대할 것인가" 하는 질문에 그가 가장 헤맨 바 있다는 점은 앞에서도 말한 바 있다. 그런 문제점을 결국 극복하지 못한 셈이다.

흔히들 관료는 영혼이 없다고 한다. 비하하는 말이다. 그런데 반대로 관료가 규정과 명령에 따라 행동하지 않고 자신의 가치관을 행정에 투입하면 곤란하다. 행정이 권력투쟁의 장이 되어버리기 때문이다. 관료에게 영혼이 없을 리 없지만 관료가 자기의 가치관에 따라 정치적으로 행동해서는 안 되는 법이다. 정치는 민주주의 원리에 따라 선출된 정치가가 담당해야 한다. 행정과 정치가 균형을 이루려면 정치가가 행정의 관점에 매몰되어서도 곤란하지만 관료가 정치가가 되어서도 안 되는 법이다.

정치가인 대통령은 자신이 내걸고 당선된 비전에 따라 관료들에게 기본방향을 제시해야 한다. 그리고 그 방향을 효율적으로 성실하게 수행하는 관료들이 조직 내에서 영향력을 발휘하게끔 하면 된다. 일상적인 업무는 관료에게 맡기되 정치적 고려가 필요한 사안은 정치이념을 갖춘 그룹의 의견을 존중해야 한다. 또 장관처럼 행정을 맡게 되는 정치가에게는 5년 임기를 보장해 정권의 정치적 비전이 제대로 행정에 관철될 수 있게 해야 한다. 그리고 대통령은 정치적 감각을 잃지 않도록 대중과의 스킨십에 신경을 써야 한다. 노대통령처럼 대중과 소원해질수록 관료적 행정가로 전락하게 될 위험성이 커지기 때문이다.

이제 이 장을 마무리해보자. 노대통령은 대북송금 특검, 이라크 파병, 한미FTA 문제에서 각각 변호사 실리주의, 외교적 실리주의, 경제적 실리주의에 지나치게 기울어 정치적 고려를 소홀히 하고 말았다. 이렇게 실리주의에 빠지면 '바보 노무현 정신'이 살아날 수 없다. 강력한 보수수구세력에 포위된 정권이 아니라면 실리주의도 큰 문제가 아니다. 하지만 보수수구세력과 권력투쟁을 계속해야 하는 상황에선 노무현의 무기인 감동정치를 버리면 승리할 수 없다.

그렇다고 실리를 아예 무시하라는 얘기는 아니다. 실리와 정치적 명분이 충돌하는 경우에는 후자를 충분히 고려해야 한다는 말이다. 노무현이 실리에 매몰되었다면 손쉬운 종로 국회의원 자리를 박차고 부산의 국회의원에 출마해 낙선하지는 않았을 것이다. 그런데 그 덕분에 대통령이라는 더 큰 실리를 얻었다. 작은 실리에 연연하지 않을 때 정말로 큰 실리를 얻을 수도 있다.

국민이 진정으로 원하는 지도자는 쩨쩨한 실리를 챙겨주는 지도

자라기보다는 국민들의 마음을 이해해주고 그들과 함께하려는 지도자가 아닐까 싶다. 특히 발전도상국 단계를 벗어나 바람직한 선진국으로 나아가야 할 한국에선 원칙과 명분이 더 중요할 때가 있다. 진부한 표현이지만 "사람은 빵만으로 사는 게 아니다." 노무현정권은 이런 쩨쩨한 실리를 따지다 정치력이 약화되어 정작 서민들의 삶을 획기적으로 개선할 수 있는 분배·재분배정책을 밀고 나가지 못했음을 기억할 필요가 있다.

4

노무현정권의 인사정책

앞장에서는 선거시기와 통치시기의 '같은 점'에 대한 노무현정권의 인식 부족 문제를 검토했다. 여기서부터는 두 시기의 '다른 점'과 관련해 노정권이 부적절하게 처리한 부분을 따져보기로 한다. 선거시기 즉 집권 이전과 통치시기 즉 집권 이후는 많은 점이 다르다. 대령에서 별을 달면 수십가지가 달라지고 부장에서 이사로 승진해도 많은 게 달라진다. 하물며 나라의 최고권력을 장악하는 경우에야 두말할 필요가 있겠는가.

대통령이 되면 달라지는 것 중 결정적인 것은 정부의 주요 지위에 대한 인사권을 행사한다는 점이다. 다만 미국처럼 외부 인물을 국장 또는 경우에 따라선 심지어 과장 자리까지 대거 공무원으로 임명할 수 있는 것은 아니다. 장차관이나 일부 개방직 정도, 그리고 청와대 인사에 한해 대통령이 권한을 행사할 수 있을 뿐이다. 나머지는 기존 관료조직을 전제로 그 내부에서 인사이동을 통해 국정을 이끌어간다.

어쨌든 통치시기에는 활용 가능한 인력이 선거시기와는 양적으로나 질적으로나 크게 달라진다. 선거캠프의 인력뿐만 아니라 보수층을 포함해 각계각층의 인력을 포용할 수 있다. '인사(人事)가 만사(萬事)'라는 말이 있듯이 정권의 성패는 인사에 결정적으로 의존한다. 대통령과 철학·비전을 같이하되 일처리 능력도 뛰어난 인물들을 선택할 수 있다면 최선이겠으나, 그런 인물이 많지 않다는 게 문제다.

인사정책의 난맥

원래 진보개혁진영은 한국사회의 비주류였고 노무현 측은 그중에서도 소수파에 속했다. 대선과정에서 노무현의 지지율이 폭락하면서 캠프 소속 인물들도 대폭 줄었다. 때문에 노무현 측이 직접 신뢰하고 동원 가능한 인물이 얼마 되지 않았다. 대통령 시절에도 사람 만나는 걸 그다지 즐기지 않았던 탓에 인맥의 폭을 제대로 넓히지 못했다. 게다가 인공위성 발사과정에서 1단계 로켓을 분리해버리고 2단계 로켓으로 나아가듯이, 대선캠프에 참여했던 인물이라 해도 부적합한 경우엔 정부에 참여시킬 수 없다.

노정권의 인사정책에 대해선 코드 인사, 아마추어 인사, 회전문

인사라는 비판이 수구적 보수언론을 중심으로 끊이지 않았다. 이런 비판의 상당부분은 노정권을 공격하기 위한 억지 주장이다. 예컨대 대통령과 철학·비전을 공유한 인물을 선택하는 것은 너무나 당연한데, 이걸 코드 인사라고 하면서 마치 정실주의 인사인 것처럼 왜곡하기도 한 것이다. 그러나 이런 왜곡된 비판과는 별개로 노정권의 인사에선 문제가 없지 않았다.

『운명』(206~19면)을 보면 참여정부 조각(組閣)에 관한 회고가 나온다. 그것과 다른 자료를 참고하면 노정권의 첫 조각은 크게 다음 세 가지 경로를 밟은 걸로 보인다. 첫째가 노대통령이 직접 고른 경우고, 둘째는 대통령의 오른팔이라고 했던 이광재(李光宰) 비서관이 인선에 개입한 경우고, 셋째는 문재인 변호사 등 이른바 부산파가 영향력을 행사한 경우다.

그런데 이런 식으로 이루어진 인선이 썩 잘된 것 같지 않다. 우선 노대통령이 직접 인선한 경우를 보자. 대표적으로 문재인 민정수석 임명과 강금실(康錦實) 법무장관 임명을 들 수 있다. 문변호사 자신은 노무현의 민정수석 제의에 대해 국정운영이나 행정경험이 전혀 없고 정치를 잘 모르기 때문에 고민하다가 받아들였다고 한다. 원리원칙을 지켜나가는 일이 자기 역할이라면 노대통령에게 자기를 쓰시라고 했다는 것이다.

그런데 민정수석 자리가 정치를 몰라도 되는 자리라는 생각도 그렇지만, 노무현과의 인간적 관계를 생각할 때 결국 자신이 '왕수석' 역할을 하게 되고 그리해서 정치적 판단까지 수행해야 한다는 사실을 몰랐던 점은 문제라고 할 수밖에 없다. 그런 순진함, 좋게 말하면

순수함이 문재인의 장점이긴 한데 이런 순수함만 있고 정치적 훈련이 되어 있지 않았다는 건 치명적 약점이었다. 물론 청와대 시절이나 퇴임 이후 많은 시련을 겪은 문의원이 지금은 정치적 판단력이 그때와는 상당히 다를 것이다.

그러면 당시엔 어찌했어야 할까. 노대통령이 누군가 사심없는 인물을 옆에 두어야 했던 사정을 고려하면 참으로 어려운 문제이긴 하다. 정치적 영향력이 적은 시민사회수석 자리를 문변호사가 1년 정도 거친 다음에 민정수석이나 비서실장 자리를 맡는 건 어땠을까. 물론 이 경우엔 정치적 판단력 면에서 노대통령이 귀를 기울일 만한 다른 인물이 존재했어야 한다.

강금실 법무부 장관은 문변호사가 환경부나 보건복지부 장관을 염두에 두고 추천했는데 노대통령이 법무부 장관으로 발탁한 경우다. 원래 법무부 장관으로 내정했던 인물이 일신상의 사정으로 임명이 곤란해지면서 파격적으로 선택된 경우다. 선거시기를 포함해 대통령 자리에 오르는 과정에서 여러 파격적 행동을 보였던 노무현인지라 통치시기에도 그런 파격이 무난히 통할 것으로 생각한 것 같다.

강장관은 철학이나 비전 면에선 대통령과 함께 일할 수 있는 인물이었다. 하지만 일을 처리하는 능력 면에선 사정이 달랐다. 검찰과 이리저리 부딪칠 수밖에 없고 검찰개혁도 수행해야 할 법무부 장관에 적합한가에 대해선 부정적인 평가가 압도적이다. 검찰에 무슨 영향력을 행사하고 자시고 할 수 있는 인물이 아니었다는 것이다(『검사님의 속사정』 222면). 검찰과 어떻게 권력투쟁을 이끌어가야 할지에 대한 전략·전술, 아니 고민 자체가 노대통령에게 부재했던 것이 이런 인사에 반영된 게 아닐까 싶다.

다음으로 이광재가 인선에 개입한 경우를 보자. 문재인이 노무현의 친구였다고 한다면, 이광재와 안희정(安熙正)은 노무현을 위해 온갖 궂은일을 도맡았던 참모였다. 안희정이 사람, 정체성, 가치, 명분, 희생, 의리를 중시했다면 이광재는 일, 아이디어, 성과, 실적, 창의성, 실용에 집착했다고 한다(『안희정과 이광재』 6면). 내가 들은 평가도 이와 크게 차이나지 않는다.

그런데 대선 투표일 얼마 전에 나라종금사건이 터져 안희정은 청와대에 합류하지 못하게 되면서 노정권 인사에 별로 영향을 미치지 못했다. 그렇잖아도 좁았던 노무현팀의 인력 풀이 더욱 좁아졌고, 상호보완적이었던 안희정과 이광재의 스타일 중 한쪽만이 우세하게 되었다. 이광재 스타일은 노대통령이 정치를 소홀히 하고 실리주의에 빠져 민심을 잃게 된 주요 요인의 하나가 아닐까 싶다. 한미 FTA를 추진한 김현종이 바로 이광재가 추천한 인물이었다.

그리고 이광재는 삼성과의 유착 문제로 논란을 빚은 바 있었다. 이미 노무현이 대선에 출마하기 전 지방자치실무연구소를 운영할 때 연구소의 첫 세미나 발제자로 삼성경제연구소 인물을 부른 게 이광재였다. 대선과정에서도 그는 삼성경제연구소 자료를 들고 왔다. 대통령직인수위원회 시절에 삼성 측 자료를 노무현에게 전달한 것도 이광재 측이었던 걸로 알려져 있다. 이런 경로를 통해 노무현의 정체성과는 거리가 먼 '2만 달러론' 같은 어젠다에 노정권이 말려들어간 셈이다.

삼성은 대선과정에서 이회창 후보 쪽보다는 훨씬 적은 금액이지만 쪼들리는 살림의 노무현캠프에서 볼 때는 막대한 대선자금을 지원한 바 있다. 이런 고마움(?)과 이광재의 영향력 등을 통해 노정권이 삼성에 오염된 셈이다. 참여정부 교육혁신위원회의 초기 실무책임자까지 삼성에서 파견한 인물이었다는 이야기를 들은 바 있다. 삼성은 승산이 있는 대선후보들에게 일찍부터 공작을 한다. 이명박 대선캠프에 '747 공약'을 제공한 것도 삼성이다. 이런 삼성의 영향력에서 자유롭지 않으면 재벌개혁은 물 건너가고 진보개혁정권이 자기정체성을 유지하기 힘들다.

문변호사가 천거한 인물은 어떤가. 그는 주로 사회분야 인물을 천거했다고 한다. 『운명』(206~19면)에 따르면 첫 조각에서 그의 천거가 크게 잘못된 경우는 별로 없었던 것 같다. 하지만 그는 외교·안보·국방·경제 등 주요 분야 인사에는 거의 힘을 발휘하지 못했다고 한다. 자신이 그 분야를 잘 몰랐기 때문이다. 활동무대가 부산이었던 탓도 있을 것이다. 정권 초기 이후의 인사에서 그가 제대로 인물을 천거했는지 여부를 확인할 수 있는 자료는 아직 없다.

요컨대 노무현은 원래 교류인맥이 제한되어 있었고, 당선 이후에도 통치시기의 이점을 제대로 살리지 못했다. 그리하여 좁고 왜곡된 인사라는 비판에 직면하게 된 것이다. 물론 적재적소에 배치하기에는 진보개혁진영의 인재 풀이 너무나 협소했다(『진보와 권력』114면). 또 철학·비전·역량을 모두 갖춘 인물이 그리 쉽게 찾아지지는 않는 법이다.

그런 한계 속에서는 정권의 성패를 좌우하는 핵심 포스트(post)의 인사에 힘을 집중하는 수밖에 없다. 욕심을 줄여야 하는 것이다.

정권이 달성하고자 하는 최소한의 목표를 설정하고, 그것을 수행할 능력을 갖춘 인물을 찾아야 한다. 그리고 대선과정에서 브라질의 룰라처럼 미리 그림자내각을 발표해 통치를 준비하도록 해야 한다. 철학과 비전을 대통령과 같이하지만 능력 함양이 더 필요한 인물을 발탁하는 경우엔 특히 그래야 한다.

참고로 2002년 대선 당시 이회창 진영 내부에서 그림자내각을 발표하는 방안이 막판에 제기되었다고 한다. 그것은 그림자내각을 통해 미리 통치를 준비하게 하자는 취지라기보다 국민들 관심을 제고시키려는 선거전략의 일환이었다. 그런데 그리하면 충성경쟁이 약화된다는 핵심참모들의 반대로 그 제안은 무시되었다. 장관 몇자리로 충성경쟁이 약화된들 그게 득표에 무슨 커다란 악영향을 끼칠 리 없다. 오히려 국민들에게 그 후보가 무슨 일을 하려는지 분명하게 보여줌으로써 득표 면에서 긍정적 효과를 갖는다. 단지 집권 후의 인사에 대한 핵심 참모들의 영향력이 감소될 뿐이다. 이건 우리 문화가 그림자내각을 쉽게 수용할 수 없음을 드러낸다. 물론 과거에 그랬다고 앞으로도 계속 그러리라고 볼 수는 없다.

아울러 대통령은 집권 이전뿐만 아니라 통치시기에도 그런 인물을 발굴하는 노력을 계속해야 한다. 통치시기엔 그런 일이 더 용이하다. 권력을 쥐고 있고 인물정보 수집도 용이하기 때문이다. 노대통령처럼 책을 읽고 컴퓨터에서 공문서류를 뒤적거리느라 정작 대통령이 해야 할 일을 놓쳐선 안 된다. 통치시기의 노대통령은 사람들로부터 많은 이야기를 듣는 것과 국정목표 수행에 적합한 인물을 찾는 것을 소홀히 했다. 그의 업적이 기대에 크게 못 미치게 된 데에는 이런 요인이 상당히 작용한 셈이다.

깔보기에서 겁먹기로

　선거시기와는 달리 통치시기에는 책임성의 문제가 심각하게 부각된다. 베버가 말한 책임윤리란 게 바로 그것이다. 선거에서 후보들은 다소 무책임한 인기 위주의 공약을 펼치기 십상이다. 그러나 정책을 실제로 집행하는 통치시기에는 그 정책의 결과에 대해 정권이 책임을 져야 한다. 잘못하면 지지율이 떨어지고 각종 선거에서 패배한다. 따라서 통치시기에는 정책에 관해 선거시기와 다른 태도를 취한다. 특히 정책의 효과에는 불확실성이라는 문제가 내재하므로 정권은 자신의 신념을 제대로 관철시키지 못하거나 갈팡질팡할 수 있다.

　노대통령은 다른 대통령에 비해선 자신의 공약을 지키려 한 편이다. 그래서 다소 무리하게 수도권 이전을 밀어붙이기도 했다. 하지만 그가 지키지 않은 공약도 적지 않았고, 선거시기에 보여줬던 이미지와는 배치되는 정책을 시행하기도 했다. 대표적으로 신거 내 법인세율을 인상하겠다고 하고선 통치시기에 들어서자마자 경기가 나쁘다고 거꾸로 법인세율을 인하했다.

　법인세율을 굳이 낮추려면 법인소득 구간에 따라 세율인하를 낮은 구간에 국한시켜야 했다. 높은 구간엔 세율을 그대로 두거나 오히려 높여야 했다. 이런 방식으로 사고하지 못한 것은 재벌의 논리에 휘말렸고 또 투자부진이 주로 중소중견기업 문제라는 점을 인식하지 못했기 때문이다. 앞장에서 보았듯이 이라크 파병이 노정권의 정체성과 상치된다는 것은 두말할 필요도 없다.

이렇게 된 데에는 인사를 잘못한 게 근본 원인이지만, 그것 말고 정책효과의 불확실성에 대한 책임이 두려웠던 점도 작용했다. 진보개혁정권답게 법인세율을 인상하고 이라크 파병을 거부했을 때 닥칠 위험성이 우려되었던 것이다. 신용불량자 문제가 부각되었을 때에도 마찬가지였다. 찔끔찔끔 대책을 내놓을 게 아니라 과감하게 하층서민 지원책을 제시했더라면, 진보개혁정권의 정체성도 분명히 하고 보수수구세력과의 대치전선도 의미있게 그을 수 있지 않았을까 싶다. 그런데 이리 못한 데에도 역시 과감한 정책의 부작용, 예컨대 도덕적 해이 등이 우려되었기 때문이다.

불확실성에 따른 책임문제는 진보개혁세력을 약화시키는 계기로 작용했다. 노정권 초기 카드사태 같은 위기상황은 외부에서 충원된 진보개혁인사에게 처리를 맡기기가 불안했던 것이다. 예컨대 노정권 시기를 회고하면서 이해찬 의원은 재경부 인사에 대해 "그건 학자 출신은 못하는 자리예요. 왜냐하면 실무를 다뤄야 하고, 말 한마디 잘못하면 주식시장이 1프로가 금방 왔다갔다하는 굉장히 민감한 자리다"라고 했다(『진보와 권력』 263면).

이런 판단은 정태적으로는 맞는 말이다. 그런데 그 결과, 관료에 대한 의존이 심화되고 진보개혁세력은 점점 밀려나게 된다. 이리되면 진보개혁세력은 경험을 쌓을 수가 없어 영원히 중심세력이 될 수 없다. '닭과 달걀'의 관계가 되는 것이다. 이런 악순환의 고리를 끊어야 한다. 그러려면 진보개혁인사가 당장 위기를 관리하는 실무책임자가 되지는 않더라도 청와대에서 견제·감시하는 역할을 하다가 실무역량을 익혀 실무를 직접 지휘할 수도 있었을 것이다. 이명박정권하에서, 진보개혁인사는 아니지만 곽승준 재경부 장관이 비슷한 경로를 밟은 사례라 볼 수 있다.

선거시기라고 해서 함부로 공약을 남발해선 안 된다. 그리고 통치시기에는 부작용을 고려하지 않고 함부로 정책을 시행하면 정말로 큰일난다. 물론 시험삼아 아무에게나 일을 맡겨서도 안 된다. 따라서 통치시기에 보다 신중해지는 것 자체를 비난할 수는 없다. 그러나 노정권은 신중한 데서 더 나아가 불확실한 현실 앞에 지나치게 위축되어버린 게 아닌가 싶다. 정권을 잡고 보니 시장의 힘이나 미국의 힘이 너무 막강해 보인 것이다. "권력은 시장에 넘어갔다"는 노대통령의 말이 그걸 웅변한다.

이건 노무현뿐만 아니라 많은 진보개혁세력의 공통적인 문제점이다. 현실을 우습게 보는데다, 알려고 열심히 노력하지도 않고, 그러다 막상 현실과 부딪치면 거꾸로 너무 위축되어버린다. 이게 '깔보기'에서 '겁먹기'로의 180도 전향이다. 극과 극은 통하는 경우이기도 하다.

노정권 당시 고영구(高泳耉) 초대 국정원장의 사례를 보자. 그는 인권변호사 출신으로 『운명』에 따르면 문변호사는 그를 국정원장에 발탁한 것에 대해 별로 후회하지 않는 듯싶다. 그는 서동만(徐東晚) 국정원 기조실장과 충돌했다는 정도로만 세상에 알려져 있지, 국정원장으로서 업무를 잘 수행했는지는 알 수 없다. 다만 한가지

에피소드를 통해 진보개혁세력의 문제점을 엿볼 수 있다. 그가 서울 시내 대학총장들을 국정원으로 소집한 일이 있었다. 거기에 참석했던 한 대학총장에 따르면 고원장이 너무 한심하더라는 거였다. 바쁜 총장들을 우르르 소집해놓고서는 초보적인 유치한 안보교육을 시켰다고 한다. 인권변호사로서 국정원을 비롯한 독재권력 기구와 싸워오면서 북한 현실에 대해 무지하다가 갑자기 국정원장이 되어보니 안보의 중요성에 압도되어버린 것이다.

노정권의 인물은 아니지만 현실을 우습게 보다가 거꾸로 현실에 압도되는 비슷한 사례는 적지 않다. 안병직(安秉直) 서울대 명예교수는 한때 진보파의 대표적 인사였다. 그는 그냥 진보파가 아니라 민족해방전선에 의한 혁명을 꿈꾼 바 있었다. 그런 그는 전두환이 들어설 무렵의 한국경제가 곧 파탄할 걸로 예상했다. 하지만 전두환 시대의 한국경제는 붕괴하기는커녕 1986년부터는 3저호황을 맞이했다. 이런 현실을 보면서 '뉴라이트'로 전향했다고 그가 털어놓은 바 있다. 독재체제하의 경제가 곧 붕괴할 것이라는 지나치게 단순한 논리를 갖고 있다가, 거꾸로 지나치게 단순하게도 정반대 입장으로 전향한 것이다. 그의 영향을 받은 김문수 지사의 전향도 마찬가지다.

옛소련과 동유럽의 사회주의체제의 경우도 같은 맥락에서 파악할 수 있다. 그 나라들에선 오랫동안 시장을 무시하다가 체제가 붕괴하고 말았다. 그러자 이번에는 갑자기 나라 전체가 시장을 우상처럼 숭배하는 시장만능주의로 전향하고 말았다. 시장의 장점을 무시하다가 반대로 시장의 폐해를 무시하는 그런 가벼움은 한동안 그 나라들의 올바른 체제 이행에 걸림돌이 되었다. 국가가 해야 할 역할을 방기했기 때문이다. 마피아 자본주의 같은 양상을 띠게 된 러시아가 그 대표적인 사례다.

이렇게 극과 극으로 흔들리지 않으려면 평소에 우리 현실에 대한 깊은 고민을 거듭해야 한다. 반대세력의 주장도 무조건 배척할 게 아니라 받아들일 부분이 있는지 따져봐야 한다. 그러면서 정(正)-반(反)-합(合)의 성숙한 진리를 찾아야 한다. 이런 과정에서 단순한 현실비판을 넘어선 대안이 마련된다. 그리고 이게 바로 '내공'을 쌓는 길이다.

노무현도 바로 이런 내공이 부족한 '준비되지 않은 대통령'이었던 셈이다. 그러니 대통령이 되고 나서 현실의 무게에 압도당한 면이 적지 않은 것이다. 비판은 쉽지만 대안은 어렵다. 진보개혁세력이 현실의 모순을 날카롭게 지적하는 건 선수지만 실현 가능한 대안을 제시하는 데엔 지진아인 경우가 많다. 앞으로 정권을 잡으려는 세력은 비판만이 아니라 대안을 고민하는 내공을 길러야 한다.

준비 부족 외에 노정권이 불확실성에 따른 책임윤리에 짓눌리게 된 또다른 요인은 부적절한 인사배치였다. 외부에서 투입된 진보개혁세력과 보수적 성향이 강한 관료를 정부 내에 어떻게 포진시키는가 하는 건 노정권 인사정책의 핵심문제였다. 내공도 부족했고 정보도 부족한 진보개혁세력이 정부에 들어가 뜻을 펴려면 정보를 장악한 관료들의 도움이 필요하다. 다시 말해 관료들이 진보개혁세력을 밀어내는 게 아니라 돕지 않을 수 없는 구조를 만들어야 한다.

그런데 노정권은 여기서 헤맸다. 한가지 사례만 들어보자. 초대 정책실장에 진보개혁 성향의 이정우 교수가 임명되었다. 하지만 임명되고 보니 자기 밑의 주요 자리는 이미 짜여 있었다. 이교수에게 부하직원 선택권을 주지 않은 것이다. 게다가 이정우 정책실장 밑의 권오규(權五奎) 비서관은 그에게 한번도 업무보고를 하지 않았다 한다.

각 실세들이 챙겨야 하거나 자기편으로 확보하고 하는 사람들이 많다보니 이런 결과가 된다고 한다. 이명박정권에서도 마찬가지였고, 그 과정에서 비리가 작용했다는 이야기도 있다. 어쨌든 이런 식으로 달랑 혼자 들어간 상태에서 이정우 교수 같은 진보개혁인사가 버티기는 참으로 힘들다. 김대중정권에 비해 노정권에선 진보개혁세력의 참여폭이 상대적으로 넓었고 더 오래 버티기는 했지만 점점 힘을 잃어갔다.

이교수도 처음에 자리를 제안받았을 때 자신을 보좌할 인사에 대한 선택권을 요구하고 보고도 하지 않는 비서관에 대해서는 경질을 요구했어야 한다. 하지만 그리해야 된다는 걸 누구에게서도 미리 들은 바 없고, 착한 선비인지라 권력투쟁을 하려 하지도 않았다. 이제 김대중정권과 노무현정권 10년을 통해 진보개혁세력에게도 어느정도 경험이 쌓였다. 그런 경험을 살려 앞으로 진보개혁정권이 들어서면 우선 인사 면에서의 과오를 반복하지 않도록 해야 한다.

5

검찰 및 언론과의 권력투쟁

 대통령이 권력을 사실상 독점했던 군사독재시대와는 달리 1987년 민주화 이후엔 대통령도 다른 국가기관이나 세력과 더불어 권력을 분점한다. 민주주의 사회에서 이렇게 권력 사이의 견제와 균형이 작동하는 건 당연하다. 따라서 각 권력집단 사이에 서로 자신의 이념이나 이해관계에 따른 대립 또는 투쟁이 벌어지는 것도 불가피하다. 그게 민주주의 사회에서의 정치며, 그 투쟁이 불법적으로 전개되지 않는 한 비난할 이유가 없다.

 다만 한국에서는 유럽 선진국과는 달리 권력집단들이 시대착오적 성격인 경우가 적지 않다. 예컨대 법원의 조정권고를 받아들였다고 정연주 KBS 사장을 기소한 이명박정권하의 검찰을 보라. 천안함사건을 북한이 일으켰다고 김정남(金正男)이 시인한 것처럼 날조

보도해놓고 정정도 하지 않는 조선일보는 또 어떤가. 삼성은 법을 집행하는 검찰에까지 돈을 뿌리는 불법행위를 태연하게 저지른 바 있다.

따라서 집권한 진보개혁정권은 검찰, 거대언론, 재벌을 중심으로 하는 수구적 보수세력과의 권력투쟁에 직면할 수밖에 없고, 거기서 승리하기 위해 노력해야 한다. 나아가 이들만큼 강력한 힘을 갖고 있지는 않지만 그래도 공공의 이익과 상치되는 행동을 하는 각종 특수이익집단(special interests organization)과 일전을 불사해야 할 경우가 있다. 그런데 노정권은 선거시기와 통치시기의 차이를 명확히 인식하지 못했고, 그리하여 이런 투쟁에서 갈팡질팡했다.

검찰개혁은 왜 실패했나

선거시기와 통치시기의 결정적 차이는 통치시기에는 독점권력은 아니지만 어쨌든 권력을 갖게 된다는 점이다. 그게 집권(執權)의 의미다. 하지만 노정권은 주어진 권력을 어떻게 행사할지 잘 몰랐다. 칼을 잘못 휘두르면 그 칼에 자신이 다칠까 겁이 났다고 할 수 있다. 그래서 칼을 멀리 치워놓았으니 일이 제대로 될 리 있겠는가. 국가의 합법적 물리력의 핵심인 검찰과의 관계에서 노정권의 이런 문제점은 극명하게 드러났다.

검찰은 정부기관의 일부로서 원칙적으로 대통령의 지시하에 놓여 있다. 하지만 검찰은 상대적 독자성을 갖고 있고, 더구나 수사권과 기소권 장악을 통해 오늘날 한국사회에서 가장 강력한 권력기구로 등장했다. 기초자료와 내사자료 등 방대한 정보도 검찰에 집중되고 있다. 검찰공화국이란 말까지 생겨난 형편이다. 그래서 『운명』에서도 검찰문제를 다루고 있을뿐더러, 『불멸의 신성가족』(2009), 『검찰공화국, 대한민국』(2011), 『검사님의 속사정』(2011), 『문재인, 김인회의 검찰을 생각한다』(2011) 같은 책들이 최근에 쏟아져나온 것이다. 이런 책들을 참고하면서 노정권의 문제점을 짚어보기로 하자.

노정권은 검찰의 중립성을 보장해주었다고 한다(『운명』 238면). 그 단적인 증거로 검찰과 청와대 민정수석 사이의 핫라인도 끊어져 있었다. 노정권 시절에도 인연과 청탁에 의한 검찰인사가 전혀 없었다고 하기는 어려울지 모르지만(『검사님의 속사정』 224~28면), 그런 인사권을 빌미로 검찰수사에 영향력을 행사했다고는 할 수 없을 것이다.

문의원은 한 언론 인터뷰에서 "검찰을 장악하거나 정치적 목적으로 활용하는 것은 비록 그것이 '개혁'을 위한 것이라 해도 있어선 안될 일이다"(『프레시안』 2011.10.7)라고 종전의 입장을 굳게 지키는 발언을 했다. 그의 일관성 하나는 알아줄 만하다. 사실 검찰이 제 할 일을 제대로 하고 있는 집단이라면 이러한 독립성 보장은 너무나 당연하나.

문제는 우리 검찰의 역사와 현실을 볼 때 검찰이 제 역할을 충실히 수행해왔다고 할 수 없다는 데 있다(『검찰공화국, 대한민국』 1부). 전술한 정연주 사장 기소 외에도 정부를 비판했다고 네티즌 미네르바를 구속하고, 퇴임한 대통령을 죽음에까지 몰고 가고, 다른 한편으로 재벌로부터는 태연히 떡값을 받는 등 문제 사례가 부지기수다.

그런 상황에서 노정권이 검찰의 독립성을 보장했다는 것은 다른 말로 하면 검찰을 그냥 방치했다는 얘기다. 이는 국가의 무분별한 시장개입, 즉 개발독재체제에 폐해가 많다고 정반대로 시장을 그냥 방치하는 시장만능주의와 마찬가지의 오류였다. 인간들이란 시계 추 같아서 이렇게 한쪽 편향에서 균형 잡힌 올바른 길로 바로 가지 못하고 반대쪽 편향으로 가버리기 쉬운 모양이다.

물론 노정권은 역사상 최초로 검찰개혁을 국가적 과제로 상정한 정권이다(『문재인, 김인회의 검찰을 생각한다』 15면). 그리하여 사법개혁위원회를 통해 검찰권을 부분적으로 약화시켰다. 검찰의 기소독점권을 완화하고 공판중심주의를 도입한 게 바로 그에 해당한다(『검사님의 속사정』 32~34면).

기소독점권 완화란 검찰이 기소하지 않은 사건에 대해 법원에 판단을 요구(재정신청)할 수 있게 한 것이다. 그리고 공판중심주의란 검찰의 수사기록을 재판부가 무조건 수용하는 게 아니라 재판정에서 일일이 따져보는 씨스템이다. 곽노현 교육감의 1심재판을 두차례 방청하면서, 재판에 문외한인 내 처지에서도 '아 이런 게 제대로 된 재판이구나' 하는 느낌을 가진 바 있다. 그게 바로 공판중심주의 덕분이다.

하지만 이명박정권하에서의 검찰 행태를 보면 알 수 있듯이 노정권이 검찰을 제대로 개혁했다고는 할 수 없다. 본질적인 개혁이 이뤄지지 않았으니 검찰이 쉽게 과거의 행태로 회귀한 것이다. 검찰개혁 실패란 비판을 받아도 별로 할 말이 없는 것이다.

검찰의 본질적인 개혁이란 검찰이 한편으론 힘있는 집단의 눈치를 보지 않고 엄정한 수사를 하도록 하고, 다른 한편으론 인권을 부당하게 침해하는 무리한 수사를 하지 않도록 제도적 장치를 갖추는 일이다. 덧붙여 비대해진 검찰권력을 축소하고 검찰 자체의 비리에 대해서도 견제할 수 있도록 해야 한다. 앞에서 언급한 책들에선 이를 위한 여러 방안이 제시되어 있다. 지방검사장을 미국 식으로 선거로 뽑는다든가, 경찰의 수사권을 강화시켜 검찰권력과 균형을 갖게 하되 경찰을 국가경찰과 지방경찰로 분리한다든가, 공직자비리조사처를 설치한다든가 하는 제안들이다.

노정권은 이런 검찰개혁에 실패했을 뿐만 아니라 검찰이라는 권력을 무기로 활용할 줄도 몰랐다. 검찰을 이용해 반대편을 탄압하고 자기편 비리는 은폐해왔던 과거의 모든 정권과 다른 점이 바로 이 부분이다. 민주정권인 김대중정권은 그전 정권들만큼 검찰을 이용해 반대편 정치가를 탄압한 것 같지는 않다. 하지만 그래도 검찰과의 타협을 통해 자기편 비리는 덮으려 했고, 또 마음에 들지 않는 공공기관 간부를 축출할 때 검찰을 동원했다고 한다.

검찰이 무소불위의 권력이 되어가고는 있으나 어쨌든 정부 내의 기관이므로, 대통령이 전혀 영향을 미칠 수 없는 것은 아니다. 그러나 노정권은 검찰에 의지하다보면 검찰에 뭔가 특별한 권력을 주어야 하고 그 검찰은 국민 위에 군림하므로, 검찰하고는 절대 손을 잡지 않겠다는 방침이었다고 한다(『문재인, 김인회의 검찰을 생각한다』 177면).

검찰이 "사건을 묻어놨다가 말년에 와서 크게 터뜨리는 것" 즉 정권의 힘이 빠지는 말기쯤에 그 정권을 공격하는 것을 우려했을 것이다. 김영삼정권과 김대중정권 말기에 그런 사태가 실제로 벌어지는 것을 목도한 노정권으로선 어쩌면 당연한 반응이었을 수 있다. 게다가 김대중정권 말기의 대선시기에는 거대언론들이 정권비리와 관련해 검찰의 독립성을 소리 높여 외쳤고 노정권은 그 프레임에 말려든 면도 있다.

검찰은 노정권에 대해 강한 경계심을 갖고 있었다. 김대중만 하더라도 구정치인이라 검찰 측에서 타협이 가능하리라 판단했을 수도 있고, 대선 당시 검찰총장인 김태정이 김대중에 대해 우호적 자세를 취한 바도 있었다. 따라서 김대중정권 시절 한동안은 검찰과 긴장상태에 있지 않았다. 반면에 노무현은 워낙 파격적인 정치인이라 어디로 튈지 모른다고 생각했을 수 있다.

그래서 노대통령 취임 전에 그의 측근인 안희정에 대한 검찰수사가 시작되었던 게 아닌가 싶다. 정권 말기가 아니라 정권 초기부터 노대통령과 그 측근에 대해 검찰은 압박을 가했다. 정권이 등장한 후 약 1년 사이에만 최도술 청와대 총무비서관, 노대통령 후견인 강금원, 여택수 청와대 부속실장이 줄줄이 구속되기에 이른 것이다. 나아가 노무현의 대선자금 전반에 대해서까지 수사가 진행되어간 듯하다.

이렇게 검찰의 칼날이 정권의 심장을 겨누는 판에, 노정권은 한편으로는 검찰독립이라는 신조가 있었겠으나, 다른 한편으로는 어떻게 그들과 싸워야 할지를 몰랐던 게 아닌가 싶다. 다시 말해 검찰을 다룰 역량이 없었던 셈이다.

어떤 검사장은 "노통이 검찰을 틀어쥐려는 의지가 없었는지 역량이 안 됐는지 모를 일이다"고 비아냥거리기도 했다(『검사님의 속사정』 223면). 민정수석을 역임했던 문재인이나 이호철이 검찰에 무슨 영향력을 행사하고 자시고 할 수 있는 사람들이 아니라는 평가가 있는 것이다(222면). 비대해진 권력을 갖고 있고 기본성향도 노정권에 적대적인 검찰은 너무 벅찬 상대였는지 모른다. 그래서 그냥 '때릴 테면 때려보라'로 나아갔을 수 있다.

검찰 같은 권력의 무기를 적극적으로 활용하기는커녕 방어에 급급하다보니 노대통령은 다른 무기로서 '말'을 사용했다. 물론 국민에게 호소하는 말은 대통령의 중요한 무기다. 미국 대통령도 이걸 자주 활용한다. 그리고 선거 때는 말이 결정적인 무기다. 하지만 통치시기엔 말보다 실천, 즉 권력기구의 적극적인 활용이 중요하다.

대통령이 되면 말을 하는 것보다 듣는 데에 중점을 두어야 한다. 권력까지 쥔 상태에서 독선에 빠져선 안 되기 때문이다. 대통령이 되면 보고되는 정보가 양적 질적으로 차원이 달라진다. 모든 걸 다 아는 것 같은 느낌이 든다. 그리고 자신의 참뜻을 이해해주지 않는 언론이나 국민이 야속하게 여겨진다. 때문에 많은 대통령은 듣기보다 말하기를 좋아한다. 박정희가 유신독재체제를 구축하려던 무렵에 함께 기차여행을 했던 김수환(金壽煥) 추기경은 그가 기차 안에서 내내 자기 말만 해서 '아하 큰일났구나' 했다고 한다.

노대통령은 권력을 제대로 쥐지는 못하고 불필요한 말을 많이 했다. 듣기보다는 말하기를 좋아하는 대통령들의 일반적 경향과 더불어 말을 주요 무기로 사용했기 때문이다. 그래서 '국민과의 대화'는 물론이고 '평검사와의 대화' '기자와의 대화' 등 많은 이벤트를 벌였지만 그 효과는 별로 없었다. 게다가 선거시기와는 달리 노무현의 말이 통치시기에는 감동을 준 경우가 없었다. 오히려 '덜컥 실언'으로 수구적 보수언론에 공격의 빌미를 제공하기 일쑤였다.

말과 더불어 노무현이 사용한 또다른 무기는 '권력과 목숨에 연연하지 않음'이라는 초인적 자세였다. 선거시기의 유세 때나 퇴임 후 검찰과의 투쟁에선 이게 감동을 주었다. 탄핵을 당할 판인데도 사과하지 않고 버팀으로써 탄핵을 밀어붙인 쪽이 도리어 역풍을 맞게 된 데에도 노무현의 초연함이 작용하기는 했다. 그러나 이런 극약처방은 일시적 반전을 가져올 수는 있지만 재임시에 자신의 비전을 실현하는 데는 별반 도움이 되지 않는다.

그러면 어찌해야 검찰개혁도 달성하면서 검찰을 권력의 적절한 무기로 활용할 수 있을까. 말은 쉽지만 실제론 보통 어려운 문제가 아니다. 검찰 내부 특히 검찰간부가 구체적으로 어떻게 움직이는지 잘 알아야 답이 나올 수 있을 것이다. 따라서 여기서는 기본방향만 제시해보기로 한다.

무엇보다도 정권 자신의 약점이 없어야 한다. 선거과정이나 통치과정에서의 불법행위가 있으면 제대로 된 검찰개혁이 가능하지 않다. 검찰개혁의 낌새가 보이면 검찰이 반격에 나설 것이기 때문이다. 그런 속에서는 검찰개혁에 대한 국민들의 지지를 확보하기 힘들다. 정권 측근들이 잡혀가는 판에 검찰개혁을 들고 나오면 검찰에 대한 수사 방해로 비치지 않겠는가.

노정권도 대선과정에서 약점이 만들어졌다. 정치인이란 교도소 담장 위를 걷는 사람이란 말이 있는데, 노무현 역시 크게 다르지는 않았다. 한나라당보다는 훨씬 적은 불법자금을 받았지만 그런 자금 없이 선거를 치를 수 없었던 게 우리 현실이다. 게다가 노무현은 선거과정에서 지지율이 폭락하면서 민주당 후보임에도 상당기간 민주당의 합법적 자금을 제대로 사용할 수 없었다. 자금을 쥐고 있는 민주당 세력이 정몽준과의 후보단일화를 염두에 두고 자금을 별로 내놓지 않았기 때문이다. 그게 불법자금을 받았던 주요 요인 중의 하나이리라.

앞으로 들어설 진보개혁정권은 어떨까. 다행히 선거방식의 변화로 불법자금의 필요성이 대폭 줄어든 것으로 보인다. 트위터나 페이스북같이 돈 안 드는 새로운 선거방식이 등장했기 때문이다. 2011년 서울시장 선거를 보면 적어도 당선된 박원순 후보 진영에 대해 불법자금 운운하는 말 자체가 없었다.

물론 정권의 약점이 없기만 하다고 검찰개혁이 자동적으로 이루어지는 게 아니다. 국회에서 개혁법안이 통과되어야 한다. 새누리당이 다수 의석을 차지한 19대 국회에서 그게 가능할지 의문이다. 또 국회의원 중 검사 출신의 비중도 만만찮다. 특히 새누리당에서 그렇다. 게다가 검찰은 개혁법안에 강력하게 저항할 것이다.

한국사회에서 똘똘 뭉치는 조식으로 흔히 '해병전우회' '고대동문회' '호남향우회'를 말하지만 검찰조직의 결집도는 아마도 그보다 훨씬 더할 것이다. 이해관계가 더욱 강력하게 작용하기 때문이다. 따라서 국민들의 강력한 지지여론이 없으면 검찰개혁은 불가능하다. 그러려면 정치를 잘해야 한다. 검찰개혁을 통해 지지를 얻으려 하기보다는 확고한 지지를 얻은 다음에 그 힘으로 검찰개혁에 나서야 하는 것이다.

검찰개혁과는 별개로 검찰을 사회개혁의 무기로 사용할 수 있어야 한다. 이게 선거시기와 통치시기의 차이점이다. 무기로 사용한다고 하니 무슨 나쁜 일을 하는 듯한 느낌이 들지 모르겠다. 하지만 기본원칙은 간단하다. 대통령과 법무부 장관에게 주어진 검찰인사권을 통해 검찰이 수사를 열심히 엄정하게 하도록 독려하기만 하면 되는 일이다. 그리고 법무부 장관의 임기를 최대한 장기화해서, 검찰의 속사정을 충분히 파악한 장관으로 하여금 검찰인사권을 적절히 활용할 수 있게 해야 한다.

이건 '검찰에 의지하는' 것이 아니라 '검찰이 본분을 찾도록' 하는 것이다. 물론 검찰을 정적을 탄압하는 무기로 악용해서는 안 된다. 반대편 정치인이 아니라 불법을 저지르는 재벌총수, 재벌기업, 고위관료를 비롯한 특권층을 엄정하게 수사하도록 하면 된다. 그렇게 엄정하게 수사하는 검사들에게 인사에서 혜택을 주면 되는 일이다. 이는 정당한 권력행사다.

재벌개혁의 핵심은 검찰과 법원이 재벌총수와 재벌기업의 불법행위를 엄단하는 것이다. 그런데 대선과정에서 삼성을 비롯한 재벌에 신세진 바 있고 이광재 등을 통해 유착이 이루어진 노정권으로선 검찰의 이런 수사 자세를 촉구할 의지가 약했고, 따라서 검찰을 무기로 사용할 생각이 없었는지도 모르겠다. 검찰을 개혁하기 위해서만이 아니라 검찰을 무기로 사용하기 위해서도 대선과정에서 약점을 잡히면 안 되는 셈이다.

요컨대 깨끗한 정권만이 검찰을 개혁하면서 동시에 검찰을 사회개혁의 무기로 사용하는 이중적 과제를 수행할 수 있다. 다만 검찰개혁은 정권 출범 후에 곧바로 시행할 수 있는 사안이 아니다. 따라서 검찰개혁이 단행되기 전에는 여러 권력기관들이 상호 견제토록 해야 한다. 검찰의 비리에 대해선 국정원이나 경찰이 견제할 수 있도록 해야 하는 것이다. 국정원이라는 이미지 나쁜 조직을 검찰 견제를 위해 활용한다고 하면 이상하게 들릴지 모르겠다. 하지만 실제 두 조직이 서로 견제한 적이 있고, 따라서 검찰 비리를 파헤치는 좋은 일에 법이 허용하는 한에서 국정원을 활용하지 못할 이유가 없다. 이게 권력행사이고, 권력투쟁이다. 통치시기에는 이런 권력투쟁을 치를 각오를 해야 한다.

박정희는 중앙정보부, 보안사, 수도경비사령부, 경호실 등의 권력기관이 서로 견제하도록 했다. 정보의 정확성을 검증하고 특정기관이 권력을 독점하지 않도록 하려는 것이었다. 그래야 충성경쟁이 일어나고 박정희 자신에 대한 반역을 방지할 수 있다는 생각이었다. 물론 박정권 말기에는 경호실에 권력이 집중되면서 파국으로 치닫기는 했다.

진보개혁정권은 박정희처럼 독재자 개인을 위해 권력기관들을 경쟁시키거나 상호 견제하도록 해서는 안 된다. 그러니 국민대중을 위해서 권력기관들을 상호 견제시키는 것은 불가피하다. 무소불위의 권력으로 부상하고 있는 검찰에 대해선 특히 그런 견제가 없어선 안 된다. 어떤 권력이든 겁내는 곳이 있어야 한다. 이는 나쁜 의미의 권모술수가 아니다. 권력의 독주를 막는 권력 민주화인 셈이다.

고영구 변호사의 국정원장 임명에서 보듯이 노정권은 국정원을 통한 검찰 견제라는 걸 생각조차 해보지 않은 것 같다. 국정원장과의 독대를 폐지한 것도 마찬가지다. 국정원을 정치사찰의 도구로 사용해선 안 되지만, 그렇다고 권력 민주화를 위해 국정원을 활용하는 것까지 배제할 필요는 없다. 노정권 때는 방대한 조직의 국정원이 사실상 개점휴업 상태였다는 얘기가 있다. 칼을 쓰다 다칠까봐 아예 칼집에 넣어두기만 한 셈인데 그래서야 되겠는가. 물론 국정원에 의존하다보면 자칫 국정원에 의한 폐해가 발생할 위험도 있다. 따라서 검사장 직선제와 같은 본격적인 검찰개혁이 이루어지기 전까지만 한시적으로 국정원을 활용하는 방안을 검토해보면 어떨까 싶다. 외국과 연계된 밀수조직 단속에 국정원이 기여하게 하는 것과 크게 다르지 않다. 민간인 사찰이 아니지 않은가.

진보개혁정책의 순서와 언론문제

권력을 행사함에 있어 노정권에겐 선택과 집중이 필요했다. 하지만 온 사방에서 전선이 펼쳐졌다. 초기부터 검찰과 맞장을 뜨고 수구적 보수언론과 원수가 되고 노조와도 사이가 틀어졌다. 강력한 수구보수세력에 둘러싸인 미약한 노정권이 이렇게 전선을 여기저기 흩어놓으니 이길 턱이 없었다. 게다가 앞에서 본 대로 대북송금 특검, 이라크 파병 등의 문제에서 자기편을 축소 약화시키기까지 했으니 결과는 뻔했다.

개혁은 정권의 동력이 살아 있는 집권 1년 이내에 끝내야 한다는 말이 있기는 하다. 그러나 집권 초기부터 모든 걸 다하겠다고 덤비면 감당하기 힘들다. 다른 나라를 보더라도 혁명정권이 아닌 다음에야 이런 식으로 성공한 경우가 없다. 자신의 힘이 약할 땐 자신의 힘은 집중하고 적의 힘은 분산시키는 게 상식이다. 원교근공(遠交近攻) 같은 말도 여기에 해당된다.

노정권이 미리 무슨 행동계획(action plan)을 갖고 거기에 따라 의도적으로 전면전을 벌인 것은 아니다. 오히려 행동계획 자체가 없었다는 데 문제가 있다. 그런 처지에서 사건에 끌려다녔다고 보아야 한다. 선거시기와는 달리 통치시기에는 여기저기서 터지는 사건에 대응하지 않을 수 없게 된다. 이 경우 전략전술을 제대로 갖추고 있지 않으면 노정권처럼 갈팡질팡하게 된다. 노정권은 자신이 적과의 심각한 권력투쟁에 직면해 있다는 의식이 부족해 싸움의 전략과 전술을 제대로 수립하려 하지 않은 듯싶다.

여기서 적이라고 하니 같은 국민 내에서 무슨 적이냐며 거부감을 느낄지도 모르겠다. 그러나 총칼 들고 싸우는 적은 아니지만 이념과 이해관계의 차이로 정권의 행로를 저지하는 세력이 적임은 분명하다. 싸움의 방식이 민주적 절차에 입각해야 하는 점이라든가, 오해에 기인한 부분은 풀어줘야 하고 이해관계의 타협도 석극석으로 노색해야 하는 점이 다를 뿐이다.

그러면 노정권은 어찌했어야 할까. 역시 어려운 문제지만 막연한 원칙 같은 걸 정리해보자. 먼저 국민 다수의 지지를 얻을 수 있는 정책이나 싸움을 펼쳐야 한다. 그래서 거기서 늘린 힘으로 강한 적과 상대해가는 게 옳지 않을까 싶다. 그리고 하나의 적과 싸울 때는 다른 적과의 싸움은 가급적 보류하는 게 좋다.

이게 순서(sequencing)의 문제다. 사회변혁과정에는 필연적으로 순서의 문제가 등장한다. 1980년대 이후 중국이나 1990년대 이후 동유럽의 체제이행과정에서 어떤 순서로 시장경제를 발전시켜야 하는가가 주요 이슈로 부각되었다. 급진적 접근법(big bang approach)이냐 점진적 접근법(gradualism)이냐, 가격자유화가 먼저냐 사유화가 먼저냐 따위의 문제가 바로 그것이다.

체제이행 국가만의 문제는 아니다. 미국 대통령 오바마의 경우를 보자. 그는 지금까지는 별로 성공한 것으로 보이지 않는다. 의료부문이나 금융부문의 개혁이 기득권세력, 즉 의료개혁에선 보험업계, 금융개혁에선 월가의 저항 때문에 고생이 많았다. 만약에 전략을 달리 세웠더라면 어땠을까.

금융위기로 나락에 떨어진 계층, 즉 실업자나 주택상실가계들을 위한 대대적인 구제책을 먼저 내세운다고 치자. 이에 대해선 딱 부러진 저항세력이 조직되어 있지 않다. 따라서 이런 식으로 사회적 약자를 위한 진보적 정책을 먼저 실시하고 그런 연후에 거기서 얻은 동력으로 금융개혁과 의료개혁으로 나갔더라면 낫지 않았을까 싶다.

브라질의 룰라는 집권 이후 빈곤층을 위한 보우사 파밀리아(Bolsa Familia)라는 정책부터 밀고 나갔다. 빈곤가계에 대해 아동들을 학교에 보내고 예방접종을 받게 하는 조건으로 보조금을 지급하는 정책이다. 단기적으로 빈곤을 줄이고 장기적으로 국민들의 교육수준을 높이는 효과를 가져왔다. 룰라는 이 정책으로 대중의 지지를 확보해 연속 집권한 셈이다.

우리나라에선 경기도 교육청의 사례를 보자. 2009년에 취임한 김상곤(金相坤) 교육감은 먼저 '무상급식'이라는 이슈로 한나라당이 다수였던 경기도 의회와 대결했다. 여기서 대중의 지지를 확대하고 그 힘으로 인권조례와 혁신학교라는 개혁정책을 펼쳐나갔다. 만약에 인권조례로 먼저 부딪쳤다면 싸움이 더 어렵지 않았을까 싶다. 딱 부러진 조직된 반대세력이 없는 무상급식에서와는 달리, 인권조례와 관련해선 보수적 교사라는 조직된 저항세력이 존재하기 때문이다.

그러면 노정권은 구체적으로 어떤 식으로 투쟁의 순서를 잡아야 했을까. 먼저 생각할 수 있는 것은 신용불량자 문제 처리다. 정권 초기에 부각된 대규모 신용불량자에 대한 확고한 구제책으로 서민들의 지지를 끌어당겼어야 한다. 무상급식 이슈에서처럼 세금 낭비를 들고 나온다든가, 도덕적 해이같이 어려운 말로 반대론이 등장하기는 할 것이다. 하지만 조직된 반대세력은 존재하지 않는다. 그리 어렵지 않게 자기편과 중간층을 뭉칠 수 있는 사안이었다. 그럼에도 노정권은 찔끔찔끔 대책을 내놓으면서 전략적 이슈로 만들지 못하고 말았다.

다음으로 수구적 보수언론과의 관계에 대해서 살펴보자. 노무현은 조선일보를 필두로 하는 수구적 보수신문의 총공세를 뚫고 집권했다. 그래서인지 그들의 힘을 너무 가볍게 생각한 듯하다. 앞서 말했듯이 노정권은 스스로 무장해제하고 그 대신에 말을 주요 무기로 삼았다. 그런데 수구적 보수신문을 가볍게 여기니 그 무기인 말을 그다지 조심하지 않고 함부로 쏟아내면서 무참하게 짓밟혔다고 할 정도로 타격을 입었다.

노정권은 싸움의 순서로 볼 때 초기부터 수구적 보수신문과 각을 세울 필요가 없었다. 그들은 만만찮은 세력이고 그들과 싸울 수단도 마땅히 없었기 때문이다. 김대중정권 때 탈세로 신문들을 공격해 봤지만 별로 효과가 없었다. 그러니 일단은 '방어가 곧 공격'이었다. 말을 조심하는 게 일단 방어책이었다. 또한 불필요하게 그들을 자극하지 말고 공격의 빌미를 줄여야 했다. 기자실 폐쇄 따위가 그런 잘못된 정책의 대표다. 그게 전혀 의미가 없지는 않더라도 언론개혁의 핵심의제가 아님은 분명하지 않은가.

이해찬 총리처럼 "조선일보와 동아일보는 역사의 반역자다"(『연합뉴스』2004.10.19)라는 식으로 말하는 것 역시 적절하지 않았다. 그런 진술이 사실인 면이 있기는 하지만, 지식인이 아닌 정권담당자가 국민에게 그리 말해봤자 아무 설득력이 없다. 정권의 지지도가 높을 때라면 또 모르겠지만, 그렇지 않은 상황에서 그런 발언은 그저 자기편 일부의 자위행위에 지나지 않는다.

노정권 당시 청와대 출입기자의 이야기를 들은 바 있다. 원래 청와대 출입기자는 각 언론사에서 잘나가는 자리에 해당됐다고 한다. 청와대의 고급정보를 접할 뿐 아니라 각 언론사의 이익과 관련되는 민원을 처리하는 창구이기도 했다. 그런데 노정권 당시 청와대 출입기자는 찬밥 신세였다. 청와대 인사들과 밥 한끼 같이 먹기도 힘들어 어떤 기자는 거의 구내식당에서 점심을 해결했고, 기껏 모 수석과 청와대 앞 허름한 중국집에서 점심 한번 같이한 정도라고 한다.

하지만 청와대 인사들이 돈이 없어 비싼 식당에서 자리를 같이할 형편이 안 되면 구내식당에서라도 기자들과 가끔씩 얼굴을 대하는 건 기피할 일이 아니었다. 자신들과 생각이 다른 사람들의 이야기도 들어볼 필요가 있다. 기자들 상대로는 말을 하려 하지 말고 주로 듣기만 하면 된다.

수구적 보수언론사 기자들에게 청와대 인사들이 아무리 진심을 갖고 말해도 그 기자들이 쉽게 납득할 리 없고, 비록 그들이 납득한다 하더라도 신문사 간부들이 납득하기는 더욱 힘들다. 그러나 반대편의 이야기에는 참고할 부분이 있다. 국민을 설득할 대항논리를 개발하는 데도 그들의 이야기는 도움이 된다. 그런데 노정권은 고립되어 있어서 자기확신이 더 필요했고, 그러다보니 듣는 자세가 부족했던 셈이다.

수구적 보수언론의 부당한 민원은 물론 수용할 수 없다. 이걸 노정권은 '권언유착(權言癒着)'을 해소한 일로 자부했다. 과거의 나쁜 폐습에서 벗어났다고 볼 수 있다. 그리고 수구적 보수언론에 휘둘리거나 그들이 쓴 기사에 각료인사가 영향을 받아서는 안 된다. 노정권은 그런 보도에 상대적으로 덜 좌우되기는 했다.

그러나 노대통령은 수구적 보수신문 보도에 많이 열받아 했다고 한다. 한때는 아예 그런 신문을 보지 말라고 참모들이 노대통령에게 권하기도 했을 정도였다. 인간인 이상 신문들이 부당하게 정권을 공격하는 데 화를 내지 않기는 힘들다. 하지만 화를 내면 실수하기 마련이다. 이게 그 신문들이 노리는 바이기도 했다. 여기에 말려들지 않으려면 왜곡된 비방 중상에 대해 해명할 건 하더라도, 꿋꿋하게

갈 길을 간다는 자세가 필요하다. 대통령이 맷집을 키워야 하는 이유가 여기에 있다.

물론 수구적 보수언론에 대해선 이러한 방어만으론 충분하지 않다. 상대방의 헛발질 즉 자충수를 유도해야 한다. 경기도 교육청의 무상급식처럼 대중의 지지를 얻는 정책을 시행해서, 그것을 공격하는 언론들에 대한 대중의 지지를 갉아먹게 만들어야 한다. 신용불량자에 대한 과감한 정책, 대북송금 특검의 단호한 거부 같은 일을 벌이면 수구적 보수언론이 덤벼들어 논란을 벌일 가능성이 크다. 서민대중을 위한 획기적 복지정책이나 남북한 평화협력을 위한 통 큰 조치도 마찬가지다. 이처럼 수구적 보수언론과의 대치전선을 올바르게 설정함으로써 국민들까지 그들과 맞서게 해야 하는 것이다.

6
노무현정권과 진보파

　문재인 의원은『운명』에서 노무현정권과 진보세력이 충돌한 여러 사례를 제시하고 있다. 그러면서 진보세력의 문제점을 '전략의 부재' '근본주의' '조급함' '강퍅함' '조직의 논리' 등으로 표현하고 있다. 그가 말하는 진보세력이라 함은 민주노동당, 노조, 진보지식인, 진보언론을 의미한다. 문의원뿐만 아니라 노정권에 참여했던 다른 이도 비슷한 술회를 한 적이 있다. 다른 건 그런대로 참을 수 있었는데, 같은 편이라 생각했던 진보진영의 살기어린 공격에는 견디기 힘들었다고 한다. 등에 비수가 꽂히는 느낌이었으리라.
　문의원이 지적한 진보세력의 문제점 중 '전략의 부재'는 '실력 부족'으로, '근본주의' '조급함' '강퍅함'은 '전선 치기의 과오'로, '조직의 논리'는 '특수이익집단화'로 정리할 수도 있겠다. 이렇게 재정리해놓고 보면 그가 지적한 진보세력의 문제는 사실 '특수이익집단화'를 제외하고는 대체로 노정권 자체에도 해당되는 사안이다. 노정권도 넓게 보아 진보세력의 일부였으니 당연한 일이다.

노무현정권과 진보파의 냉랭한 관계

노무현이 대통령 당선자 시절인 2003년 2월에 민주노총을 방문했을 때의 모습을 동영상으로 본 적이 있다. 노무현 당선자는, 민주노총 사무총장을 역임했고 당시 참여정부 인수위원이던 김영대 등과 함께 민주노총을 찾았다. 그런데 이 동영상에는 진보세력의 문제점이 단적으로 드러나 있었다.

대통령 당선자가 민주노총에 들어서는데 특수고용직 노동자들이 피켓을 들고 윽박지르듯이 그에게 몰려든 것이다. 물론 그들에겐 나름대로 억울한 사정이 있겠지만 대통령 당선자가 대화를 나누러 온 상황이었다. 공식대화 석상에서 문제를 알리면 될 텐데 힘으로 밀어붙이려 한 것이다. 그보다 더 심각한 것은 노무현이 회의장에 들어서는데 민주노총 관계자들이 박수도 치지 않고 일어서지도 않는 냉랭한 분위기였던 것이다. 찾아온 손님, 그것도 나라의 최고지도자에 대한 기본 예의조차 갖추지 않았던 셈이다.

여야가 격렬하게 싸우는 미국 국회에서도 대통령이 들어서면 반대당 의원들도 일어나 박수를 친다. 그런데 민주노총과 좋은 관계를 맺어보고자 찾아온 대통령 당선자에 대해 민주노총 측은 적장을 대하는 태도보다 더 냉랭한 모습을 보였던 것이다. 뭐 박수 따위 시시껄렁한 일 가지고 시비를 거느냐고 생각할지도 모르겠다. 하지만 이건 진보세력이 노정권과 어떤 관계를 맺고자 했는지를 잘 보여준 해프닝이었다.

노무현이 성인군자가 아닌데 이런 대접을 받고 기분 좋았을 리 없다. 대선 때 민주노총은 권영길 후보를 지지했고, 노무현과 권영길이 표를 끌어오려고 서로 다퉜으니 적이라면 적이라 할 수 있다. 그러나 어쨌든 한나라당 후보보다는 노동계에 친화적인 노무현이 당선된 상황이다. 이럴 때는 그를 활용해 노동자의 권익을 향상시킬 노력을 했어야 마땅하다. 그럼에도 민주노총을 포함한 진보파에겐 그렇게 할 의지도 전략전술도 결여되어 있었다.

진보세력이 자기보다 상대적으로 진보성이 덜한, 달리 말하면 더 보수적인 세력과 어떻게 관계를 맺어야 하는가 하는 문제는 1987년 선거에서 처음으로 본격적으로 제기된 바 있었다. 그때를 회고해봄으로써 노무현시대 진보파의 문제점을 확인하는 실마리를 찾아보자.

1987년 6·10 민주항쟁으로 전두환 군사독재정권은 직선제 개헌을 받아들이는 6·29 항복선언을 발표했다. 그리해 국민들이 대통령을 직접 뽑게 되자 여당 쪽에선 노태우가 후보로 나오고 야당 쪽에선 김영삼, 김대중, 백기완이 출마했다. 이때 김영삼 측은 '단일화론', 김대중 측은 '비판적 지지론', 백기완 측은 '독자후보론'을 들고 나왔다. 백기완은 나중에 사퇴했지만 김영삼과 김대중은 결국 힘을 합치지 못해 노태우에게 대통령 자리를 넘겨주고 말았다.

그리하여 김영삼과 김대중 모두 국민들의 비난 세례를 받았지만 득표수가 적었던 김대중에 대한 비난이 더 가혹할 수밖에 없었다. '비판적 지지론(비지론)'도 마찬가지 운명이었다. 그런데 엉뚱하게도 비판적 지지론이 틀렸다고 하는 게 차후에 일부 진보파가 야권연대를 반대하는 근거로 사용되었다. 선거에서 야권후보 단일화 요구가 일어나면 '비판적 지지' 하자는 거냐고 하면서 연대를 거부해왔던 것이다. 진보파의 이러한 '비판적 지지론' 비판은 사실 '비판적 지지론'의 오류를 반복하는 행태였다. 다시 말해 '비판적 지지론'자나 '비판적 지지론' 비판자 모두 본질적으로는 자기를 앞세우며 전체적인 판을 읽는 데 실패한 것이다. 이게 무슨 알쏭달쏭한 말일까 싶겠지만 차근차근 따져보자.

먼저 '비판적 지지'라는 용어 자체부터 문제가 있다. 이 용어는 얼마 전 세상을 떠난 김근태(金槿泰)가 1987년 김대중을 지지선언하면서 퍼뜨린 것이다. 김대중이 비판받을 부분도 있지만 다른 정치인, 예컨대 김영삼보다는 민중 편에 가까우니까 지지하자는 것이다. 하지만 신이 아닌 불완전한 인간에 대한 지지는 맹목적인 지지일 수 없고 따라서 모두 비판적 지지다. 그러니 김대중에 대한 지지는 비판적 지지라기보다는 일반적인 의미의 지지이고, 좀더 엄밀하게 말하면 '상대적 지지'인 셈이다. 진보/보수는 원래 상대적인 개념인데 김대중이 김영삼보다 더 진보적이기 때문이다.

여기서 문제는 선거라는 특정 국면에서 가장 진보적인 후보를 찍어야 하는가, 아니면 당선 가능한 야권 후보 중 상대적으로 더 진보적인 후보를 찍어야 하는가, 아니면 가장 보수적인 후보를 물리치는

데 주력해야 하는가이다. 1987년 대선 당시의 가장 진보적인 후보라면 백기완이었다. 그런데 백기완은 당선 가능성이 전무했고, 야권의 당선 가능한 후보는 김영삼과 김대중이었다. 가장 진보적인 후보를 선택한다면 백기완이었고, 당선 가능한 야권 후보 가운데 더 진보적인 쪽은 김대중이었다. 노태우의 승리 가능성을 생각한다면 김영삼과 김대중 중 누가 양보해야 하느냐가 문제였다. 당시엔 여론조사를 통한 단일화라는 기법이 개발되지 않았던 것이다.

그런데 비판적 지지론자들은 당선 가능한 김영삼과 김대중 중 누가 더 진보적인가만 따졌다. 그들은 물론 가장 진보적인 후보를 지지한 것도 아니고, 두 후보 사이의 양보도 불가능하게 만들어서 결국 국민대중을 분열시키고 군부세력의 집권을 연장시키고 말았다. 김대중도 자신의 회고록에서 이 부분을 뼈저리게 반성하고 있다. 만약 김대중이나 그를 지지한 진보세력이, 정말로 국민대중의 이익을 생각했다면 김영삼에게 양보해 당시의 시대적 과제인 군사정권 종식을 이룩했어야 한다. 백기완도 그냥 사퇴할 게 아니라 자신의 집회에 몰려든 국민대중을 이끌고 양 김씨의 집으로 쳐들어가 그들의 압력으로 단일화를 밀어붙여야 했다.

여기서 우리는 솔로몬의 재판을 떠올린다. 두 여자가 서로 지기 아이라고 다툰 재판에서 칼로 아이를 잘라서 반씩 가지라는 판결에 대해 진짜 엄마가 양보했다. 마찬가지로 누군가 양보하지 않으면 군부세력의 연장이 예상되는 국면에서는, 더 진보적인 후보라면 바로 그 때문에 김영삼이 자기보다 더 보수적이지만 군부독재를 종식시키기 위해서 그에게 양보했어야 한다.

자기 세력보다 더 중요한 게 국민대중이기 때문이고, 그게 솔로몬의 재판에서 보듯이 결국 아이를 되찾는, 즉 국민대중의 지지를 얻는 길이다. 민중과 상대적으로 거리가 더 먼 김영삼이 양보할 가능성이 없는 상태에서 김대중이 양보했더라면, 그는 훨씬 훌륭한 지도자로 부상하고 나아가 영호남 사이의 지역감정도 많이 완화됐을 것이다.

미국의 경우를 보자. 2000년 대선에서 우리의 민주노동당 또는 진보신당 격이었던 진보파의 후보 랠프 네이더(Ralph Nader)는 민주당이나 공화당이나 그놈이 그놈이라며 끝까지 사퇴하지 않아 부시의 당선에 한몫했다. 그 결과 이라크전쟁이 벌어지고 부자의 세금은 줄고 서민의 복지는 악화되었다. 미국의 대표적 진보파 영화감독 마이클 무어는 이런 사태를 막고자 네이더의 양보를 받아내려 애썼다. 또 평소에 민주당을 신랄하게 비판하는 대표적 진보파 지성인 노엄 촘스키도 민주당과 공화당이 박빙인 주에서는 진보세력이 네이더가 아니라 민주당 후보인 고어를 찍어야 한다고 주장했다. 네이더는 이런 전략적 투표를 거부해 부시를 집권시킨 죄 때문에 자기 지지기반도 급속히 위축되었다. 2000년의 290만표였던 득표수가 2004년엔 50만표로 급감한 것이다.

한국의 진보세력 역시 네이더와 같은 과오를 저질렀던 셈이고 거기서 벗어나는 데 시간이 한참 걸렸다. 1997년 대선에서 2007년 대선에 이르기까지 진보파는 단일화를 거부했다. 2010년 지방선거에서야 비로소 민주노동당이 적극적으로 민주당과 단일화를 성사시켰다. 그래서 민주당도 성공했고 민주노동당도 많은 이익을 거뒀다.

2012년의 총선에서도 야권 연대가 승리의 충분조건은 아니었지만 여전히 필요조건이었다.

1987년의 비판적 지지파나 오늘날도 잔존하는 단일화 반대 진보파는 큰 판을 읽을 줄 모르든가 아니면 국민대중보다 당파의 이익을 우선시하는 집단이다. 아니 이들은 네이더의 경우에서 보듯이 결국은 자기 당파의 이익도 망치기 십상이다. 어쨌든 선거에서는 이제 진보파의 자세가 상당정도 바로잡아졌다. 하지만 평상시 정치에서는 어찌해야 할지 가닥이 제대로 잡히지 않았다. 노정권 당시 진보파의 문제점을 따져보는 의의는 여기에 있다.

진보파의 실력 부족

선거시기에 각 정당은 단일화를 위해 후보를 조정하고 정책에서도 연대를 추구한다. 물론 이는 쉬운 일이 아니다. 2012년 총선의 경우 통합진보당과 진보신당 사이에 단일화가 성사되지 않은 지역구가 꽤 있었고, 정책 면에선 자신의 정체성을 유지하면서 연대하는 2인3각 체제가 만족스럽게 작동하지 않았다. 특히 민주통합당에서는 자신의 정체성이 논란을 빚고 말았다.

통치시기에 노정권과 진보파의 관계는 선거시기의 정책연대와 비슷한 면이 있다. 정권의 정책에 대해 진보파가 어떤 입장을 가져야 하는가의 문제이기 때문이다. 그러나 통치시기의 관계는 선거시기보다 훨씬 어렵다. 선거시기의 정책은 바뀔 가능성도 있는 공약

제시에 지나지 않지만, 통치시기의 정책은 실행단계에 들어가기 때문이다.

통치시기에 진보파가 집권세력과의 관계에서 취해야 할 행동은 원칙적으로 선거시기와 다르지 않다. 즉 정파의 이익이 아니라 국민대중의 이익을 우선시해야 한다는 것이다. 솔로몬 재판의 비유를 통해 강조했듯이, 그게 당장은 손해를 초래하는 듯한 경우에도 결국은 진보파 자신에게도 도움이 되는 길이다. 물론 이념과 이해관계의 차이가 존재하기 때문에, 진보파는 집권세력과 한편으로는 연대하고 다른 한편으로는 투쟁할 수밖에 없다. 문제는 그런 연대와 투쟁의 배합방식이다.

진보파와 노정권을 뭉뚱그려 진보개혁세력이라 한다면 통치시기에 그들의 관계는 공동정부 형태로 나타나는 게 가장 원활한 국정운영을 보장한다. 장관직 같은 것을 진보개혁파 사이에서 나누는 게 하나의 방식이다. 실제로 노대통령은 민주노동당에 노동부 장관 자리를 제안할 생각도 있었던 모양이다(『운명』 460~61면). 이런 게 내각제 요소를 부분적으로 도입하는 방식이다. 여기서 더 나아가 한국노총이 민주통합당과 결합하듯이 진보파 정당이 아예 통합정당 내부의 한 분파로 존재하는 방식도 있다. 이른바 '빅 텐트'(big tent)론이 여기에 해당한다.

그런데 우리의 진보파는 실력이 부족하다. 실력 부족은 한편으로 나라를 책임지고 이끌어갈 위치에 있지 않기 때문에 자신들의 주장을 현실에 적용할 때 생길 수 있는 여러 가지 문제에 대해 별로 고민을 하지 않는 데에서 기인한다. 다시 말해 현실의 주어진 제약조건을 따져보고 그런 속에서 실현 가능한 대안을 찾는 훈련이 잘 되어 있지 않은 것이다.

다른 한편으로는 이념의 혼란 때문이다. 진보파 중에는 아직도 시대착오적인 주체사상과 이념이나 사회주의 혁명론에 사로잡힌 경우가 없지 않다. 거기서 벗어났다 하더라도 무엇을 대안으로 삼아야 할지에 관해 내부에서 정식 토론도 활발하지 않다. 그러니 집권세력과 어떻게 관계를 맺으면서 자신들의 힘을 키워나갈지 잘 모르게 되었다. 목표가 혼란스러우니 구체적 정책도 취약하고, 다른 정치세력과 연합하기도 하고 싸우기도 하는 치밀한 전략·전술이 수립되어 있을 턱이 없다.

진보정당과 노조의 문제

첫째로, 진보정당의 경우부터 구체적으로 따져보자. 여기서 진보정당이란 노정권보다 상대적으로 더 진보적인 민주노동당을 말한다. 민노당은 한마디로 '전선 치기'를 잘못했다. 전선 치기를 잘못하는 건 노정권과 다를 바 없는 셈이다. 민노당은 주요 공격전선을 노정권과의 사이에 쳤다. 당 활동의 중심이 노정권과 당시 여당인 열린우리당에 대한 공격이었던 것이다.

물론 노정권은 권력의 일부나마 장악하고 있었고 이라크 파병 등 여러 잘못된 정책을 시행했으므로 민노당에게 비판대상이 된 것은 당연하다. 노정권의 잘못된 정책에 대해서 침묵하는 건 국민대중의 이익에 배치된다. 하지만 노정권은 권력의 일부를 장악한 데 불과했다. 민노당은 공고한 수구적 보수세력이 장악하고 있는 권력과의 투쟁이라는 훨씬 더 중요한 전선을 망각했다. 노정권과 민노당은 도대체 힘을 합쳐 수구적 보수세력과 싸운 적이 거의 없었던 것이다.

노대통령이 탄핵에 몰릴 때나 전효숙의 헌법재판소장 임명을 둘러싸고 한나라당이 생트집을 잡을 때 민노당은 거의 방관했다. 천정배 법무부 장관과 검찰이 맞부딪쳤을 때도 마찬가지였다. 노정권과 노조 사이의 갈등을 중재하려고 노력한 일도 없었다. 심지어 국회에서 한나라당과 공조한 경우도 있었다. 노대통령의 대연정 제안이나 크게 다를 바 없는 행태까지 보인 셈이다.

아마도 민노당은 노정권을 찌그러뜨려야 자신의 힘이 커질 수 있다고 생각한 게 아닌가 싶다. 노정권과 자신의 지지기반이 겹치는 부분이 있기 때문이다. 예컨대 노동자들 중에서도 민노당이 아니라 열린우리당에 투표한 사람이 훨씬 많을 터이다. 게다가 민노당은 '노정권의 2중대'라는 비난을 받을까 두려워했다.

그러나 국민들이 인식하는 주요 대치전선은 '노정권+민노당 대 한나라당'이었지 '민노당 대 노정권+한나라당'이 아니었다. 노정권과 민노당은 일반국민이 보기엔 정도의 차는 있지만 다 같은 좌파로서 도매금으로 처리되고 있었다. 그래서 2004년 국회의원 선거에서처럼 노정권의 지지율과 민노당 지지율은 대체로 비례관계에 있었던 것이다.

민노당은 이런 현실을 깨닫지 못하고 있었다. 선거시기에도 노정권과 연대하지 않았으니, 통치시기에 '일면 연대, 일면 투쟁'이라는 어려운 전술을 구사할 능력이 있을 리 없었다. 노정권이 점점 찌그러지는 것을 고소해하면서 자신들의 시대가 다가오는 것을 기대하고 있었을 것이다. 하지만 1차대전 후 독일의 바이마르 공화국 시절에 공산당은 사회민주당에 대해 보수파나 별로 다를 게 없다고 격렬하게 공격함으로써 히틀러의 집권에 한몫했다는 것을 기억할 필요가 있다.

과거 중국에서 여러 세력들이 경쟁할 때 원교근공(遠交近攻)과 국공합작(國共合作)이라는 상이한 전략이 시행된 바 있다. 여기서 원교근공은 춘추전국시대의 전략으로 자국의 패권을 추구하는 것이고, 국공합작은 항일전쟁시대의 전략으로 민족의 이익을 우선하는 전략이다. 민노당이 그저 패권만을 목적으로 하는 게 아니라 사회적 약자를 위한 진보정당이라면, 취했어야 할 중심전략은 국공합작 방식이었어야 한다.

노정권과 열린우리당이 한나라당을 비롯한 수구적 보수세력과 싸울 때 민노당은 노정권과 열린우리당보다 더 치열하게 수구적 보수세력과 싸워야 했다. 필요할 때는 '노정권의 2중대'가 아니라 노정권을 끌고 가는 '국민대중의 선봉대'가 되어야 했던 것이다. 민노당이 성장하고 우리 사회가 진보와 개혁의 길로 나아가려면 노정권을 비판만 하는 게 능사가 아니었다. 비판할 때는 비판하더라도 같이 싸울 때는 더 열심히 싸워야 했다. 요컨대 민노당이 열린우리당보다 앞서려면 실력이 앞서고 더 열심히 대중과 함께 호흡해야 했던 것이다.

둘째로, 노조의 문제를 따져보자. 노조는 민노당보다 노정권과 더 격렬하게 충돌했다. 김대중·노무현정권을 비판하는 진보파들은 흔히 두 정권하에서 발생한 구속노동자 숫자를 제시한다. 노태우정권, 김영삼정권에서 그 숫자가 각각 1,973명과 632명이었는데 김대중정권과 노무현정권에서는 각각 892명과 1,052명이었다. 김영삼정권보다는 그후의 두 정권이 상대적으로 더 노동자 친화적이었을 텐데, 왜 이런 역설이 발생한 것일까.

우선 구속자 중 상당수는 곧 석방되었다는 사실에 유의해야 한다. 그리고 구속자 숫자가 많았다는 것은 충돌이 더 많았다는 것을 의미할 뿐이다. 많은 충돌은 두 정권이 더 악독해서가 아니고, 화물연대파업이나 철도파업에서 보듯이 노조가 두 정권에 대해서는 더 많은 것을 요구해도 들어주지 않겠는가 하고 판단했기 때문이라고 볼 수도 있겠다. 이는 이명박정권의 경우를 봐도 알 수 있다. 노무현정권 기인 2003~5년의 노동쟁의는 매년 300~400건이었으나 이명박정권에선 100건 정도에 머물렀다. 이렇게 충돌이 줄어든 이유도 역으로 마찬가지다. 이명박정권이 노동자 친화적이어서가 아니라 노동자들이 애당초 기대와 요구를 접었기 때문이라고 봐야 한다.

노무현 당선자는 2003년 1월 두산중공업에서 노동자 배달호씨가 분신자살했을 때엔 "사측이 적극 나서서 포괄적으로 풀어야 한다"고 말했다. 즉 노동계에 우호적이었다. 그러다 앞서 말했듯이 같은 해 2월에 민주노총을 방문해 박대를 당했다. 하지만 정권이 출범한 지 채 두달도 되지 않은 2003년 4월과 5월에 벌어진 철도파업과 화물연대파업의 경우에는 노조의 요구를 대폭 수용해주었다.

그런데 그런 지 두세달 만에 철도노조와 화물연대가 또다시 파업을 벌이자, 노정권은 '이거 너무한다'라고 생각한 듯하다. 그래서 2차 파업에서는 노정권이 강경대응으로 선회했다. 그리고 2003년 10월 한진중공업에서 두명이 자살했을 때는 노대통령이 "죽음이 투쟁의 수단이 되는 시대는 지났다"라는 실언까지 했다. 이리해 노정권과 노동계는 사실상 갈라서버린 꼴이 되었다.

　노정권이 노동계의 무리한 요구에 대해 참을성을 좀더 가졌더라면 노동계와의 관계 악화를 막을 수 있었을지도 모른다. 그런데 노무현같이 격정적인 인물은 참을성이 떨어지기 십상이다. 게다가 그런 약점을 참모들이 보완하지도 못했다. 좌파정권이라는 공세 프레임을 제대로 극복하지 못한 것도 한 요인일 수 있다. 즉 노조에 대한 자세를 통해 좌파정권이 아님을 증명하려는 마음이 어느정도 있었는지도 모르겠다.

　그리고 노정권은 시장의 비중을 줄이고 복지를 강화하는 진보정책보다 개혁정책에 더 중점을 두었다. 정치개혁이니 사법개혁이니 사학개혁이니 하는 게 그런 것들이다. 때문에 개혁보다 진보에 더 초점이 맞춰진 노조와 삐걱거릴 가능성이 애초부터 존재하기는 했다. 앞서 밝혔듯이 노정권이 대중적 지지가 높은 신용불량자 대책 같은 진보정책부터 밀고 나갔으면 노조와의 관계도 달라졌을 수 있다. 노조와 지향이 비슷해지기 때문이다.

　하지만 노정권과 노조 사이의 관계 악화에서는 노조의 책임도 간과할 수 없다. 밀어붙이기만 하면 다 얻을 수 있을 것으로 착각하는 전략 부재가 철도파업과 화물연대파업에서 나타났다. 노정권과 일정하게 연대해야 할 필요성 따위를 생각할 줄 아는 지도부는 존재하지 않았다.

　전교조의 나이스(NEIS, 교육행정정보씨스템) 반대투쟁도 교육개혁 과제들 사이의 경중을 인식하지 못하는 실력 부족의 표출이었다. 전교조는 학생들의 정보인권을 침해할 소지가 있다는 이유를 들어 나이스의 시행을 반대했다. 그러나 이 제도가 실제 시행되고 나서 전교조가 우려하던 심각한 사태가 발생했다는 이야기를 들은 바 없다. 또한 교원평가 반대투쟁도 대중과 유리된 전교조의 모습을 드러낸 사건이었다. 학부모들이 압도적으로 찬성하는 교원평가제를 무조건 반대해서는 곤란했다. "교육발전에 정말 도움이 되는 방향으로 제대로 교원평가제를 시행해보자"고 도리어 공세적으로 나섰으면 전교조에 대한 국민 인식이 많이 달라졌을 것이다.

　회사 노조의 행태는 전교조보다 훨씬 한심했다. 대기업의 노조간부들이 취업희망자를 상대로 뇌물까지 받았던 것이다. 특히 항운노조에서 그런 문제가 심각해, 미국 영화 「워터프런트」에서도 나오듯이 일부 항운노조 위원장은 마치 조폭 두목 같았다. 2012년 통합진보당 중앙위원회에서와 마찬가지로, 노사정위원회 복귀 여부를 논의하는 2005년의 민주노총 대의원대회에서는 폭력이 난무하기도 했다.

　노정권의 인물들이 독재와 싸워오는 동안 독선을 길러오고 대중과 소통하는 능력이 부족하게 되었음을 앞에서 지적한 바 있다. 노조 역시 같은 문제점을 안고 있었다. 국민대중의 눈으로 자신을 성찰하기 힘들어진 것이다. 그러면서 노정권이 제정한 비정규직법 때문에 비정규직이 양산되었다는 식으로 사실을 왜곡·과장하는 일도 벌어졌다. 그 법이 노조의 요구대로 '사유 제한' 같은 방식으로 비정규직의 사용을 엄격하게 규제하지는 않았다. 때문에 대폭적으로 비정규직을 줄이지 못한 건 사실이다. 그러나 차별금지라는 조항도 있고 법 시행 이후 비정규직은 미미하나마 줄어들었다. 다시 말해 그 법은 불충분하지만 악법은 아니며, 이 법으로 인해 비정규직이 양산된 것은 더욱 아니다.

진보지식인과 진보언론의 문제

셋째로, 진보지식인과 진보언론의 경우를 검토해보자. 한국사회에서 그다지 큰 비중을 차지하지 않는 소수파인 진보지식인도 그 갈래가 여러 가지다. 그런데 바람직한 진보지식인이라면 노정권에 대해 비판할 때는 하더라도 수구적 보수세력과 노정권이 격돌할 때에는 노정권 쪽에 힘을 보탰어야 하지 않을까 싶다. 이게 '일면 투쟁, 일면 연대'다.

하지만 아예 일관되게 노정권에 적대적 자세를 취한 진보지식인도 있었다. 그 대표적인 경우가 최장집(崔章集) 교수와 손호철(孫浩哲) 교수다. 이들은 노정권이 신자유주의 정권이라고 비판하면서 날카롭게 각을 세웠다. 그리고 이들의 명망성으로 인해 진보언론들도 그런 비판 방식에 상당히 동조하는 모습을 보였다.

진보파의 신자유주의 타령이 갖고 있는 문제점에 대해선 뒷장에서 다룰 것이므로, 여기서는 주로 최교수의 구체적 사례만 살펴보기로 한다. 그는 김대중정권하에서 대통령자문 정책기획위원장을 지낸 바 있으며, 김대중정권에 대해선 별로 비판한 바 없다. 그런데 김대중정권과 성격상 별 차이가 없는 것으로 진보파들이 평가하는 노정권에 대해선 증오라고 느껴질 정도의 비판을 쏟아냈다. 양쪽 다 같은 논조로 비판한다면 그건 일관성이라도 있는 셈인데 그렇지 않았던 것이다.

노정권 말기 대선국면에 접어들어 최교수는 노정권이 지지를 받지 못하면 이명박에게 정권이 넘어가는 게 당연하다고 발언했다. 그 자체로 틀린 말은 아니다. 하지만 보수파도 아니고 진보파로 알려진 최교수가 그런 말을 하는 것이 어떤 정치적 효과를 낳을지 무시한 발언이었다. 정치학자가 자신 같은 비중있는 인사의 말이 갖는 정치적 효과를 몰랐다는 게 납득이 되지 않는다.

혹시 최교수는 한나라당으로 정권이 넘어가는 게 우리나라에 더 좋다고 판단한 게 아닌지 의심이 가기도 했다. 사실 최교수나 손교수는 노무현정권이나 이명박정권이나 별로 다르지 않을 걸로 본다는 말까지는 한 바 있다. 이명박정권의 문제점이 심각하게 드러나면서 손교수는 자신의 예측이 틀렸다고 인정하기는 했다. 그런데 최교수는 다른 입장을 표명했다. 그는 기자실 문제가 이슈가 되었을 때 노정권에 대해 '사이비 민주주의'라고 혹독하게 비판한 바 있다(『경향신문』 2007.5.30). 하지만 이명박정권에 대해선 같은 신문에서 '보수이지만 민주주의가 아니라고 말할 수는 없다'라고 평가했다(『경향신문』 2009.7.14). 두 정권 모두 사이비 민주주의라고 했으면 적어도 일관성은 유지되는데 그렇게 하지 않았다. 내가 계속 주장했듯이 노정권의 정치력에는 문제가 많았으나, 그렇다고 최교수 식으로 평가하는 건 동의하기 힘들다. 그리고 노정권 때와 달리 최교수는 이명박 정권에 대해선 날카로운 비판을 던진 적이 별로 없다. 과문한 탓인지 모르지만, 그런 차별적 행동의 이유를 제시하는 그의 글을 접하지도 못했다.

물론 진보파 지식인 중에는 최교수와는 다른 행보를 보인 경우도 많다. 노정권에 직접 참여하거나, 시민운동을 통해 노정권에 영향을 미치려 하거나, 독자적으로 활동한 경우도 있다. 이들에 대해 총체적으로 평가할 형편은 아니지만, 적어도 노정권에 비판적이었던 지식인의 문제점은 짚고 넘어가자. 이들은 주로 비판만 할 줄 알았지 실현 가능한 대안을 제시한 경우는 드물었다. 예컨대 노정권의 쌍용차 해외매각을 비판하면서 달리 어찌해야 하는지에 대한 분명한 입장을 내놓은 적은 없었다. 그런 대안을 제시하려면 많은 공부가 필요하기 때문이다. 노정권만이 아니라 진보지식인도 실력이 부족한 것은 마찬가지였던 셈이다.

진보언론들도 최교수만큼은 아니지만 노정권에 대해 바른 자세를 취했다고 하기 어렵다. 노정권과 한나라당이 대치하고 있는 국면에서도 제대로 한나라당을 공격하지 않았다. 어용언론으로 비난받지 않을까 하는 콤플렉스 때문이다. 콤플렉스는 실력이 모자랄 때 나타나는 현상이다. 또 실현역량이나 진실을 깊이 따지지 않은 채 원칙에만 집착하는 모습을 보이기도 했다. 국가보안법이나 천성산 터널 문제 같은 게 그런 사례다.

그리고 노대통령 퇴임 후에 검찰을 통해 일부 비리가 흘러나오자 진보언론들은 살점을 후벼파는 식으로 무섭게 노무현을 공격했다(『운명』 400면). 도대체 이런 사안이 터지면 검찰 받아쓰기를 할 게 아니라 따로 취재도 해봐야 하는 것이고, 그러기 전에는 신중한 자세를 취해야 마땅한 법이다. 다른 언론에 보조를 맞춰 뭔가 입장을 표명해야 한다는 강박관념에 사로잡힐 이유가 없다.

보수파의 '도마뱀 꼬리 자르기'를 흔히 비판하지만 진보언론들도 마찬가지 행태를 보였다. 편들지 않고 공정한 언론의 자세를 지키는 것이라고 스스로는 정당화할 것이다. 하지만 열심히 취재도 하지 않고 함부로 써대는 일은 비겁한 일이다. 이런 모습은 곽노현 교육감 사건에서도 한동안 그대로 반복되었다. 검찰 받아쓰기를 계속하면서 기초적인 사실도 제대로 확인하지 않았다. 그러면서 사퇴하라는 사설까지 실은 언론이 있었다. 우리 사회에선 보수파나 진보파나 급박한 사태에 직면해 깊이 따져보지 않는 건 마찬가지다.

일본 전국시대(戰國時代)의 무장 오다 노부나가(織田信長) 이야기가 생각난다. 어릴 때 오다 노부나가 패거리가 다른 어린이 패거리와 돌팔매 싸움을 벌인 일이 있다. 이때 상대편은 부상자가 생겨도 그냥 두었는데 오다 쪽은 부상자를 치료해가면서 싸웠다. 이걸 보던 어른이 "야, 오다 편이 이기겠구나"라고 했다. 결과는 예측대로였다. 이념과 목표가 같은 가까운 쪽이라 해도 그들의 잘못을 무조건 감싸는 이른바 진영논리에 빠져서는 안 된다. 하지만 같은 편을 일회용 반창고 정도로 생각하는 집단은 결코 승리할 수 없다. 주요 전선과 부차 전선을 구별해야 하고, 같은 편을 공격할 때도 국민대중을 위하는 것이어야지 자기만 살아남거나 잘난 체하기 위해서 그러는 거라면 안 된다. 같은 편에 대한 비판이란 비판받는 상대를 나쁜 놈으로 규정하기 위해서라기보다 그 상대를 바로잡기 위해서라는 점도 분명히 인식해야 한다.

문의원의 말대로 다 합쳐도 소수파에 지나지 않는 진보개혁진영조차 힘을 합쳐야 할 때도 힘을 합치지 못하고 분열한 게 노무현시대의 안타까운 모습이었다(『운명』 450면). 여기에는 노정권 스스로의 책임이 물론 일차적이다. 선거시기와 통치시기의 같은 점과 다른 점을 제대로 분별하지 못했기 때문이다. 하지만 진보세력 전체 역시 그 책임에서 벗어날 수 없다. 진보개혁세력이 앞으로 다시 집권한다면 과거의 이런 과오를 되풀이하지 말아야 한다.

제2부

한국의 진보는 거듭나야 한다

7

한진중공업 사태를 돌이켜보며

2011년에 많은 사람들이 여러 차례 '희망버스'로 부산의 한진중공업을 찾은 바 있다. 1년 가까이 초인적으로 크레인 고공농성을 벌이고 있던 김진숙 민주노총 지도위원을 응원하고, 한진중공업의 정리해고 조치에 항의하기 위해서였다. 2010년 12월 회사 측이 생산직 정규직 직원 400명의 희망퇴직을 노조에 통보하면서 촉발된 갈등이 전사회적인 이슈로 발전한 것이다.

1998년의 현대자동차, 2001년의 대우자동차, 2009년의 쌍용자동차 등 정리해고로 인한 폭발적 노사대립이 전개된 사례는 여러 차례 있었다. 2011년의 희망버스도 그런 정리해고 반대투쟁의 연장선상에 놓여 있다. 다만 과거와는 달리 해당 노동자뿐만 아니라 일반시민도 대거 동참함으로써 기업과 노동자의 문제에 대해 우리 사회의 총체적인 반성을 촉구하는 계기가 될 수 있었다.

하지만 노조와 일반시민은 물론 희망버스에 관련된 학자들마저 한진중공업 사태의 진상을 제대로 파악하려는 노력을 소홀히 했다. 오직 박정희·전두환 군사정권 시절의 반독재투쟁 방식처럼 힘으로 밀어붙이는 데 치중할 뿐이었다. 그런 움직임이 장차 어떤 결과를 가져올지에 대해 진지하게 고려하지도 않았다. 요컨대 한진중공업 사태는 우리 진보세력의 맹점을 드러낸 대표적인 사건이었고, 그런 점에서 철저한 점검이 필요하다.

2011년 1월에 시작된 김진숙 지도위원의 고공농성은 한동안은 사회적 주목을 받지 못했다. 민주노총도 그다지 힘을 보태지 않았다. 그러나 6월경 배우 김여진 등 연예인이 관심을 표명하고, 송경동 시인 등이 기획한 희망버스를 통해 야당 정치인들이 앞다투어 방문하고, 여러 운동단체도 동참하면서 상황이 일변했다. 그리하여 한진중공업 회장이 국회 청문회에까지 소환되고, 마침내 11월에 정리해고에 대한 노사합의가 이루어져 김진숙 지도위원도 크레인에서 내려오게 되었다.

이와 같은 사태 전개에는 이명박정권에 대한 누적된 불만이 한진중공업에서 표출된 측면이 있다. 특히 야당 정치인들이 대거 참석한 데에는 국민들의 불만 에너지를 집결시키려는 의도도 없지 않았을 것이다. 정치인이나 전문운동가 외에 희망버스에 동승한 일반시민도 적지 않았다. 각자 제 살기 바쁜 세상에 이렇게 이웃의 아픔에 동참하려는 노력이 물결처럼 일어나는 것은 우리 사회에 아직 희망이 있다는 증거다. 한진중공업 사태로 표출된 한국의 고용문제가 남의 일이 아니라는 자각도 작용했을 것이다.

그리고 희망버스 시위는 우리 사회의 전통적 시위문화와 상당히 다른 양상을 보여준 점에서도 주목해야 할 사회현상이었다. 한진중공업 노조의 중앙지도부인 민주노총이 무기력한 모습을 보이고 있는 판에, 2008년 촛불시위에서와 마찬가지로 전통적 운동 지도부가 아닌 시인과 연예인 등 '비조직의 조직'이 중심에 서 있었던 셈이다. 이는 한편으로는 전통적 운동단체의 쇠퇴를 의미하고, 다른 한편으로는 SNS의 발달이 뒷받침되면서 민주주의의 새로운 전개방식이 나타나고 있음을 의미한다.

희망버스 이후의 한진중공업

희망버스가 지나간 한진중공업은 그후 어찌 되었을까. 2011년 11월의 노사합의로 끝까지 버틴 정리해고자 94명에 대해 1년 이내의 재고용과 생계지원금 지급이 약속되었다. 또 이런 합의를 근거로 김진숙 지도위원도 크레인에서 내려오게 되었다. 그리하여 희망버스 승객들과 그에 동조한 국민들은 사태가 성공적으로 마무리된 걸로 생각한다. 물론 이선에 같은 크레인에 올랐던 노조지회장이 결국 땅을 밟지 못하고 목숨을 끊은 것에 비하면 좋은 결과를 낳았다고 볼 수 있다.

하지만 얼핏 성공적으로 보이는 이런 귀결이 한진중공업 자체는 물론이고 우리 사회 고용문제 해법에 근본적으로 도움을 준 것인지는 따져봐야 할 부분이 많다. 우선 문제가 되었던 한진중공업 영도조선소는 정상화와는 여전히 거리가 먼 상태다. 군함을 건조하는 일부 작업장을 빼고는 수주물량이 없어 도크가 텅텅 비어 있다. 희망버스 시위가 시작될 무렵 체결된 수주 의향서도 회사 측 주장대로 희망버스 시위 탓인지는 알 수 없으나 어쨌든 본계약 체결로 이어지지 못했다.

결국 희망버스의 힘으로 달성된 정리해고 일부 철회도 무효화될 공산이 작지 않다. 회사는 2011년 11월에 정리해고 문제에 노사합의 한 직후인 12월에 정리해고 대상자가 아닌 생산직 노동자 약 300명을 휴업시키고, 2012년 1월과 2월에 추가로 각각 약 100명씩을 휴업 조치했다. 94명의 정리해고자를 복직시킬 일감은커녕 기존 근로자조차 일감이 없어 놀고 있는 처지인 것이다.

만약 앞으로 조선업 경기가 되살아난다면 정리해고자는 무난히 복직될 수 있다. 하지만 한진중공업 영도조선소가 일감을 확보하지 못하면, 정리해고자의 복직 약속을 지키기 어려움은 물론이고 기존 근로자의 추가 해고도 불가피하게 될 것이다. 한진중공업의 필리핀 수빅조선소가 정상적으로 운영되고 있으므로 거기서 번 돈으로 영도조선소 노동자들을 일시적으로 먹여 살릴 수는 있으나, 언제까지나 계속 그럴 수는 없다. 희망버스라는 대중의 압력으로 시장의 힘을 일시적으로 저지할 수는 있으나 시장의 논리를 영원히 외면할 수는 없는 법이다. 시장은 규제 대상이지 저지 대상이 아니다.

이런 위기상황에 직면해 노동자들 다수는 희망버스 투쟁에 동조한 노조를 탈퇴하고 새 노조를 설립했다. 새 노조 조합원이 다수가 됨에 따라 노사교섭권은 그쪽으로 넘어가게 되었다. 또 이 노조는 민주노총 산하 금속노조에 가입하지도 않았다. 작업물량이 없는 처지에 누구를 휴업대상자로 포함시킬 것인가를 둘러싸고 진행된 회사 측의 압력이 효과를 거둔 셈이다. 결국 기존의 노조는 자신을 지킬 수도 없는 싸움에 말려든 꼴이 된 것이다.

그리고 희망버스로 쟁취한 정리해고 철회 수혜자는 정리해고 대상자 400명 중 94명에 지나지 않았다. 나머지 300여명은 끝까지 버티지 못하고 회사가 제안한 희망퇴직 조건을 받아들였다. 게다가 한진중공업에서 일하다 해고된 사내 하청 노동자 수천명에 대해선 아무런 구제조치도 취해지지 않았다. 노사협상의 의제로 등장하지조차 않았던 것이다. 결과적으로 정규직 노조는 물론이고 김진숙 지도위원이나 희망버스 운동가들도 이들을 외면한 셈이 되고 말았다. 이들은 악 소리 한번 제대로 내지 못하고 당한 셈이었다. 희망버스 운동은 '정리해고와 비정규직 없는 세상'을 구호로 내걸었으나 정작 그 운동 자체에서도 비정규직은 소외되었던 것이다.

한국사회 전체적으로는 어떤가. 2011년 희망버스로 사회가 요동치는 속에서도 약 10만명의 노동자가 정리해고 당했다. 다만 한진중공업 같은 대규모 사업장 정규직 노동자가 해당되지 않은 탓에 사회적 이슈로 부각되지 않았을 뿐이었다. 결국 희망버스 운동이 우리 사회 정리해고 관행에 미치는 영향은 거대사업장 정규직에 국한될 뿐이었다. 여기에 희망버스 운동의 한계가 존재한다.

앞으로 희망버스 같은 운동은 거대기업 정규직의 고용안정성을 강화시킬 것이다. 웬만한 각오 없이는 기업가가 정리해고를 단행할 결정을 내리지 못한다. 이런 격렬한 사회적 갈등을 어찌 쉽게 감당하겠는가. 반면에 기업가들은 더욱더 정규직 채용을 꺼리고 비정규직을 늘리는 방향을 취할 수밖에 없다. 정부가 비정규직 채용에 대해 이런저런 규제를 가하면 온갖 편법을 동원할 것이다. 그렇게 하지 않으면 기업의 생존이 어렵기 때문이다. 그리하여 거대기업 정규직과 중소기업 노동자(및 비정규직) 사이의 분단구조는 더욱더 강화될 공산이 크다.

영국에서 새처(M. Thatcher) 수상이 등장하기 전에 광산노동자들은 비효율적 광산의 폐쇄와 그에 따른 정리해고에 반대하는 파업을 격렬하게 전개해 정권을 무너뜨리기까지 했다. 노동자들은 승리감에 도취해 있었을 것이다. 그런데 그 반발로 새처 같은 강력한 보수주의자가 나타나 노조를 굴복시킴과 동시에 시장만능주의정책을 밀고 나가게 된 것이다. 합리성을 결여한 무리한 요구는 언젠가는 꺾인다. 한국에서도 거대기업 노조의 저항이 경제적 합리성을 상실하면 결국 영국에서처럼 반동이 밀려오기 마련이다.

한진중공업 사건의 불편한 진실

한진중공업의 정리해고에 반대하는 희망버스 시위는 따뜻한 이웃사랑이라는 좋은 의도에 바탕을 두고 있던 운동이다. 또 얼핏 보면 소기의 성과를 거둔 걸로 생각하기 쉽다. 하지만 실상은 이와 많이 다른 셈이다. 조선 시황이 나아지지 않는 한 정리해고 철회조치는 무의미해질 수 있으며, 정리해고 철회 대상자의 수십배에 이르는 비정규직 해고노동자들은 아예 거론되지도 못하고, 우리 사회의 고용문제를 오히려 더 악화시킬 위험성마저 초래한 것이다.

어찌해서 이리 되었는지를 따져보려면 한진중공업 사태를 꼼꼼히 점검해볼 필요가 있다. 희망버스로 모아진 뜨거운 가슴에 냉철한 두뇌를 보태야 하는 것이다. 먼저 한진중공업 정리해고와 관련된 몇 가지 사실을 정확히 파악할 필요가 있다. 왜냐하면 대부분의 언론에서 이를 꼼꼼히 따지지 않아 합리적인 논의를 불가능하게 만들었기 때문이다.

첫째로, 한진중공업이 2010년말 400명의 정리해고를 발표하면서 염치도 없이 174억원의 배당잔치를 벌였다는 이야기가 퍼졌다. 많은 사람들이 김진숙 지도위원의 투쟁에 공감하고 희망버스에 동승하게 된 데는 이런 보도가 한몫했다. 쌍용자동차의 경우에도 대규모 정리해고가 단행되고 그 여파로 20명 이상이 죽음으로 내몰렸지만, 거기선 한진중공업에서와 같은 희망버스 운동이 나타나지 않았다. 한진중공업의 배당잔치 같은 스캔들(?)의 존재 여부가 그런 차이를 낳은 요인의 하나인 듯싶다.

하지만 주식배당은 사실과 좀 다르다. 한진중공업은 2010년에 570억원의 적자였다. 그래서 현금배당을 하지 않고 100주당 1주의 주식배당을 실시했다. 적자 난 회사들이 주주들에게 이런 식으로 주식배당하는 경우가 때때로 있다. 이 주식배당량을 당시의 주가로 곱해본 금액이 174억원이다. 그런데 그 환산법은 틀렸다. 주식물량이 늘어나면 원칙적으로 그만큼 주가가 하락한다. 따라서 주주들에 대한 주식배당의 실질적 혜택은 아무것도 없다. 회사의 경우에도 장부처리가 달라질 뿐 회사 밖으로 빠져나간 건 아무것도 없다. 주주든 회사든 오른쪽 호주머니 돈을 왼쪽 호주머니로 옮긴 것과 매한가지다. 참고로, 다른 요인도 작용했겠으나 배당결정 당시 36,000원이던 주가는 그후 계속 하락해 2012년 6월에는 14,000원 정도로 떨어진 상태다.

둘째로, 희망버스를 주도한 사람들은 '정리해고와 비정규직 없는 세상'을 구호로 내걸었다. 그런데 그런 세상은 자본주의 시장경제가 아니다. 국가가 계획에 의거해 노동력을 배분하는 사회주의체제다. 먼 장래엔 어떨지 모르지만 오늘날 상황에선 사회주의체제가 비효율적이어서 지속 불가능하다는 걸 인정한다면, 그런 구호는 접어야 한다. 목표가 실현 가능해야 운동도 지속 가능하다.

자본주의 시장경제에서는 정리해고가 없을 수 없으며, 이를 통해 노동력을 적절한 곳으로 재배치한다. 정리해고에는 양면성이 존재한다. 한편으로 정리해고는 창조적 파괴(creative destruction)라는 성격을 갖고 있다. 공장이 아예 문을 닫아 정리해고가 이루어지거나 기업의 존립을 위해 일부 노동자를 정리해고하는 경우에, 그로부터 보다 효율적으로 인력자원을 사용할 수 있는 분야로 자원을 재배치하고자 하는 것이다. 요컨대 정리해고는 자본주의 시장경제의 효율성 증진을 위해 불가피한 조치다. 문제는 어떤 정리해고냐 하는 것이다.

진보파들이 선호하는 복지국가 덴마크는 충분한 사회안전망을 전제로 해서 노동자 해고가 대단히 자유롭다. 성·종교·인종 등의 사회적 차별에 의한 게 아니라면, 원칙적으로 회사는 자유롭게 노동자를 해고할 수 있다. 6개월 이하의 사전예고와 대단히 한정된 해고수당을 지급할 뿐이다. 정리해고를 둘러싸고 노사협의를 진행하지만 우리 같은 충돌은 없다. 스웨덴의 경우도 근속연수가 짧은 순서대로 해고하게 하는 등 덴마크보다는 조금 까다롭지만 기본적으로 정리해고는 큰 제약 없이 단행된다.

정리해고 자체를 부정하는 것은 옛소련·동유럽·북한 같은 사회주의체제를 수립하자는 뜻이다. 그런 신념에 찬 혁명론자들이 정리해고 반대를 외친다면 그건 그대로 존중해줄 수밖에 없다. 문제는 희망버스에 동참한 많은 이들이 사회주의자가 아닌데도 정리해고 반대를 외쳤다는 사실이다. 이건 바로잡아야 한다. '부당한' 정리해고를 반대한다고 외쳤다면 그건 이해할 수 있다.

다른 한편, 정리해고는 삶의 불안정을 초래하는 부정적 효과를 갖고 있다. 자본주의 시장경제가 생산력을 발전시키는 긍정적 효과와 동시에 양극화나 불안정 등의 부정적 효과를 갖는 것과 마찬가지다. 정리해고는 실직의 고통과 재취업 조건의 열악성이라는 문제를 야기한다. 따라서 바람직한 선진사회로 나아가려면 정리해고가 무분별하게 남발되어서는 곤란하며, 또한 정리해고에 따른 삶의 불안정을 완화하는 사회보상제도와 재취업을 위한 적극적 노동시장정책이 요구되는 것이다.

마찬가지로 비정규직도 모든 자본주의 시장경제에 존재한다. 파트타임 노동자를 보라. 다만 비정규직이 남발되는지 어떤지, 비정규직에 대한 부당한 차별이 행해지는지 어떤지가 나라별로 다를 뿐이다. 정리해고가 무분별한지 어떤지, 그에 따른 고통분담이 공평한지 어떤지도 나라마다 다를 뿐이다.

결국 '정리해고와 비정규직 없는 세상'이라는 구호는, 사회주의자가 아니라면 '정리해고와 비정규직이 억울하지 않은 세상'이라는 구호로 바꿔야 한다. '정리해고와 비정규직 없는 세상'이라는 극단적인 주장이 선전선동의 효과가 크기 때문에 그리 한다면 수긍할 수 있는 면이 있기는 하다. 그러나 일부 과장하는 정도가 아니라 이처럼 아예 틀린 구호는 지속 가능하지 않다.

우리의 많은 진보파들은 IMF 금융위기 이후 김대중정부가 정리해고라는 신자유주의 정책을 수용했다고 오해한다. IMF 금융위기 이전에는 정리해고가 없었는데, 신자유주의 정부에 의해 '사악한' 정리해고제도가 도입되었다는 것이다. 이는 사실과 다르다. 1987년 민주화 이전엔 중소기업은 물론이고 재벌에서도 멋대로 노동자들을 잘랐다. 예컨대 1970년대 후반 급속한 중화학공업화의 부작용으로 재벌기업의 공장가동률이 떨어지자 대규모 정리해고가 단행된 바 있다. 이런 정리해고가 재판까지 가서 논란이 되는 일조차 거의 없었다. 그러다 민주화 이후 노동자의 힘이 강화되고 대기업들이 투자를 크게 늘리면서 정리해고가 줄어들기도 했다. 이 무렵엔 정리해고가 재판에서 다툼거리가 되어 한국에서도 정리해고 판례가 만들어진 것이다.

이런 상황에서 IMF사태라는 경제위기를 맞으면서 다시 정리해고가 급격히 늘어난 것이다. 자본주의가 공황에 빠지면 노동력과 자본의 재편이 일어나고, 따라서 대규모 정리해고가 불가피하기 마련이다. 물론 당시에 적절한 경제정책을 채택해 사회 전체적으로 정리해고 규모를 어느정도 줄일 수는 있었을 것이다. 하지만 그건 정도의 차이에 지나지 않는다. 그리고 이 과정에서 정리해고를 판례가 아니라 법률로 뒷받침해야 할 필요성이 제기되면서 정리해고법이 제정된 것이다.

제정된 시기도 김대중정부에서가 아니라 1996년말 김영삼정부에서다. 단지 2년간 시행이 유예되었던 걸 IMF 금융위기로 1년 앞당겼을 뿐이다. 요컨대 우리에게 정리해고는 늘 있어왔던 제도로 '신자유주의' 김대중정부가 갑자기 도입한 제도가 아니다. 사회주의체제가 아니니까 당연한 일이다. 김대중정부를 신자유주의 정부로 매도하기에 급급한 일부 진보파들이 이런 엄연한 사실을 왜곡했을 뿐이다.

셋째로, 노조와 희망버스 시위자들은 한진중공업이 일감을 영도조선소에서 필리핀 수빅조선소로 빼돌렸다고 비난했다. 틀린 말은 아니다. 필리핀에서 인건비가 10분의 1밖에 안 되고 도크 규모도 훨씬 커서 큰 배를 수지맞게 수주할 수 있기 때문이다. 그러면 이런 해외 공장이전을 비난하고, 나아가 저지할 수 있을까. 그게 가능하다면 신발공장, 섬유공장의 해외이전도 막았어야 한다. 부산 사상공단의 신발공장들은 대부분 중국이나 베트남으로 옮겨갔다.

이리해서 한국의 신발회사나 섬유회사 들은 수지를 맞춰갔고, 또 그 덕분에 중국이나 베트남 인민들의 소득이 향상되었다. 이게 맑스도 강조한 자본의 범세계성이다. 조선업에도 그러한 범세계적 구조조정의 파도가 밀어닥치고 있다. 예전에 유럽 조선업이 몰락하고 한국 조선업이 부상했듯이, 중국 조선업의 급부상이 한국에 영향을 미치고 있는 셈이다. 한진중공업 노동자는 말하자면 그 첫 희생양이다.

국내공장이 싼 인건비를 찾아 해외로 이전하면, 국내에선 같은 산업이더라도 고부가가치 제품을 생산하거나 새로운 고부가가치 산업을 발전시키는 수밖에 없다. 구미 선진국이 그렇게 해왔으며 우리도 마찬가지다. 물론 공장의 해외이전에 따른 산업공동화를 완화하기 위해 국내 토지가격 등귀를 막는다든가 인프라를 정비한다든가 하는 식으로 정부가 할 일이 적지는 않다.

그러나 공장의 해외이전을 '무조건' 반대할 수는 없다는 점을 명심해야 한다. 19세기 초반 영국에서 숙련노동자들이 기계도입을 반대하는 러다이트 운동을 벌였다. 기계가 자신들의 일자리를 뺏는다고 보았기 때문이다. 역사발전을 거스르는 이 운동이 실패했듯이 공장의 해외이전을 무조건 반대하는 운동은 결코 성공할 수 없다. 그건 치열한 세계경쟁 속에 놓인 기업에 문 닫으라는 요구가 되기 때문이다.

넷째로, 한진중공업 정리해고는 '긴박한 경영상의 필요'에 해당하지 않는 부당한 정리해고라는 주장이 희망버스 운동을 뒷받침한 논리적 근거의 하나였다. 이에 대한 판단은 쉽지 않다. '긴박한 경영상의 필요'라는 법률적 정리해고 요건이 다소 애매하기 때문이다.

2011년 11월의 노사합의로 재판절차가 중단되고 말았지만, 여기서 법원 판단과는 별개로 상식에 입각해서 한번 따져보자. 한진중공업은 도산 위기에 처해 있지는 않다. 앞으로 필리핀 조선소가 잘 돌아가면 영도조선소가 부진해도 회사 전체로는 흑자를 낼 수 있다.

이런 점만으로 판단하면 정리해고가 부당하다는 주장에도 일리가 있다.

그런데 영도조선소의 일감이 앞으로도 '계속' 부족하다면 어찌될까. 필리핀에서 번 돈으로 영도 노동자들을 계속해서 먹여 살리라는 게 정당화될 수 있을까. 이건 경영합리화의 문제다. 우리 법원은 근래 들어와선 '긴박한 경영상의 위기'에 도산 위기뿐만 아니라 경영합리화도 포함시키고 있다.

긴박한 경영상의 위기에 경영합리화도 포함시키는 게 정당할까. 일부 진보파는 법원이 인정하는 긴박한 경영상의 위기에 도산위기만을 포함시키고 경영합리화는 배제해야 한다고 주장한다. 그러나 그리되면 한국은 세계에서 최고로 경직적인 노동시장을 갖게 될 것이다. 기업이 도산에 처하거나 도산이 코앞에 닥쳤을 때에만 구조조정을 할 수 있게 한다면 이미 때를 놓친 경우가 많게 될 것이다. 미래에 닥칠 위기를 방지하고 기업을 발전시키기 위한 구조조정을 할 수 없다면 나라경제가 파탄날 수도 있다. 그런 경직적인 정리해고법은 실현 가능하지도 않고 바람직하지도 않다. 다만 분쟁의 소지를 줄이기 위해 경영합리화형 정리해고의 요건을 보다 분명히 하고, 아울러 해고 회피 노력 및 정리해고자의 재고용 의무도 명확히 할 필요는 있을 것이다.

2008년 세계금융위기를 맞아 독일은 조업단축(Kurzarbeit)이라는 방식을 적극 활용함으로써 대량실업을 회피할 수 있었다. 그 경우 단축된 노동시간에 따른 임금손실에 대해선 실업보험에서 보상을 해줬다. 이런 방식은 일시적 경기후퇴에 대해선 적용 가능하다. 얼마 지나지 않아 경기가 되살아나면 해고하지 않고 보존했던 숙련노동력으로 함부로 해고했던 기업에 비해 경쟁력에서 우위에 설 수도 있다.

하지만 일시적인 경기후퇴가 아닌 구조적인 변화라면 결국 인원을 줄일 수밖에 없다. 예컨대 바로 그 세계금융위기를 맞아 독일의 폴크스바겐에선 대량해고가 불가피했던 것이다. 물론 상황이 일시적인 경기후퇴인지 구조적인 변화인지의 판단은 쉽지 않다. 그래서 노사간에 일정한 마찰은 일어나기 마련이지만, 정리해고 자체를 근본적으로 부정하는 건 곤란하다.

다섯째로, 한진중공업의 경우 정리해고의 불가피성은 인정하더라도 그 규모가 적절했는지에 대한 논란은 있을 수 있다. 꼭 수천명의 비정규직 및 300여명의 정규직을 해고해야 마땅했는가 하는 문제다. 이건 대단히 어려운 문제다. 노사 임금협상에서 임금을 몇퍼센트 인상하는 게 정답인지는 아무도 모른다. 5퍼센트 인상과 10퍼센트 인상 중 어느 것이 옳고 어느 것이 틀렸다고 꼭 집어서 말할 수는 없는 법이다. 정리해고 규모의 문제도 본질적으로 크게 다르지 않다.

94명의 정리해고를 철회한 걸로 보면 원래의 정리해고 규모가 과도하다고 여겨질 수도 있고, 반대로 지금도 일거리가 없는 노동자가 많은 걸 보면 원래의 정리해고 규모가 오히려 과소했다고 여겨질 수도 있다. 노동자가 더 높은 임금인상을 위해 파업에 돌입할 때가 있듯이 이런 상황에서 정리해고 규모를 둘러싸고 노동자들이 저항할 수도 있다. 정리해고는 임금인상보다 훨씬 심각한 문제이므로 그 저항의 강도가 강하게 나타나는 것에도 일리가 있다. 1998년 현대자동차의 정리해고에서도 노동자들의 옥쇄투쟁으로 정리해고 규모가 원래 회사 측 계획보다 많이 작아진 바 있다. 하지만 대규모 정리해고와 그에 맞서는 결사투쟁은 엄청난 사회적 비용을 수반한다.

1987년 민주화 이후 임금인상 협상도 초기에는 마찬가지로 엄청난 사회적 비용의 대규모 파업으로 이어지는 경우가 적지 않았다. 노사가 상호불신하고 있었기 때문이다. 상호불신으로 인해 최선의 해법을 찾지 못하는 일종의 '죄수의 딜레마' 사례였다. 그런데 세월이 흐르면서 거대기업의 연례행사였던 격렬한 임금인상 파업은 잦아들었다. 협상이 반복됨으로써 업계의 규범과 상호신뢰가 자리잡아 협력이 가능해졌기 때문이다. 게임이론으로 말하자면 반복게임 덕분에 '죄수의 딜레마'에서 벗어난 상황에 해당한다.

정리해고 투쟁은 기업에서 반복되는 경우가 흔치 않기 때문에 노사가 반복을 통한 학습과 협력을 체득해가기 어렵다. 그래도 사회 전체적으로 노사는 학습한다. 그사이에 시간이 많이 걸릴 뿐이다. 한진중공업에서도 쌍용자동차의 사례를 참고한 온건 노조지도부는 정리해고 규모나 보상조건과 관련해 경영진과 타협을 도모하려 했다. 그 와중에 김진숙 지도위원이 지도부의 타협적 태도를 비판하면서 그들과 성의 없이 일방적으로 크레인 고공농성을 시작한 것이다.

김진숙 지도위원의 초인적 투쟁은 존경할 만하다. 그리고 그녀의 선의는 정리해고자가 당면한 절박한 현실을 타개하려는 순수한 동기에서 출발했다. 하지만 그 결과는 앞서 보았듯이 그녀의 의도에서 빗나갔다. 요구가 잘못되었기 때문이다. 차라리 앞으로 고용을 늘려야 할 때 희망퇴직자의 우선적 채용을 확실히 하는 선에서 일찍 타협했더라면, 경영진도 노동자도 비용을 덜 치르고 마무리할 수 있는 일이 아니었던가 싶다. 희망버스 막는다고 들인 용역 비용만 수십억 원이라고 한다. 그렇게 헛돈을 쓸 여유가 있다면 경영진이 해고 규모를 줄이든가 혹은 그 돈을 희망퇴직자와 비정규직 해고자 지원에 투입했다면 모두가 좋지 않았겠는가.

시장경제와 민주주의에 부합하는 해결책

한진중공업 사태와 연관된 '불편한 진실'을 구체적으로 살펴보았다. 그러면 이런 '운명' 같은 현실에 무조건 복종할 수밖에 없는가. 꼭 그렇지는 않다. 시장원리를 기본적으로 인정하되, 시장만능주의에 빠지지 않고 시장원리에 따른 폐해를 시정할 수 있다. 그게 '시장경제와 민주주의'다.

먼저 나라경제 차원에서 구조조정에 따른 '삶의 불안정성'을 해소해야 한다. 구조조정 당하는 기업의 종사자에게 실업수당을 넉넉히 지급하고 재취업을 적극 지원해야 한다. 북유럽 국가들의 '유연안정성'은 바로 이처럼 노동과 자본이 유연하게 움직이되 삶의 안정성은 보장받는 씨스템이다. 예컨대 덴마크에서는 실직 전 임금의 70퍼센트 정도를 실직수당으로 2년간 지급하며, 적극적 노동시장정책을 통해 재취업을 지원한다. 실직하면 이전 임금의 30퍼센트 정도를 길어야 8개월간 지급받는 한국과 너무 다르다. 북유럽 나라들은 해외의존도가 높아 빈번한 구조조정이 불가피하고, 따라서 그게 원활히 이뤄지도록 복지를 강화했던 것이다.

중국의 영향을 크게 받고 해외의존도가 높아 산업의 구조조정이 불가피한 한국에서도 마찬가지 씨스템을 갖춰야 한다. 한국에서 노동의 유연성은 이미 평균적으로 볼 때는 결코 낮은 편이 아니다. 그랬다면 산업의 구조조정이 불가능했을 것이고 경제가 정체상태에서 허덕였을 터이다. 문제는 한국에선 노동의 유연성이 왜곡되어 있다는 사실이다. 중소기업과 비정규직의 노동유연성은 높은 편인데 한진중공업이나 쌍용자동차에서 보듯이 거대기업 정규직의 노동은 대단히 경직적이다. 그리고 이렇게 거대기업 정규직의 노동이 경직적이므로 자본이 그 부담을 중소기업 노동자와 비정규직에게 떠넘긴 셈이다. 따라서 한국에선 노동유연성을 전체적으로 높이는 일보다 노동유연성의 왜곡을 바로잡는 일이 중요하다. 참고로 북유럽과는 달리 국제경쟁력 면에서 많은 문제점을 안고 있는 이딸리아의 경우에, 최근 노동시장 개혁을 둘러싸고 커다란 논란이 벌어진 것도 한국과 비슷한 이중적 노동시장 구조 때문이었다.

그리고 한국에선 유연안정성의 또 한 축인 안정성이 대단히 낮은 수준이다. 정리해고가 살인이라는 극단적인 표현이 등장하는 배경도 실직에 따른 충격을 완화하는 사회보장제도, 즉 복지가 미비한 탓이다. 요컨대 노동유연성의 왜곡을 시정하고 복지를 강화하는 게 과제다.

2009년 쌍용자동차 정리해고의 경우를 보자. 이 회사는 파산에 처했으므로 재생하기 위해선 정리해고가 불가피했다. 그런데 회사와 노조는 원만한 정리해고 과정을 밟지 못하고 노조의 77일간 공장 점거와 경찰력 투입이라는 극단적 대결양상을 보였다. 그 결과 약 2,200명이 희망퇴직하고 약 500명이 무급휴직자로 전락했다. 이후 노동자와 그 가족 20여명이 죽음에 내몰리는 비극이 초래된 것이다.

이런 안타까운 현실에는 여러 요인이 작용했다. 예컨대 쌍용자동차에서는 한진중공업의 조남호 회장처럼 딱 부러진 '나쁜 놈'을 집어낼 수 없으니, 이리저리 맴돌던 투쟁대상이 자기 자신에게 돌려졌다는 심리적 분석도 경청할 만하다. 그리고 회사의 자본주가 교체되는 과정에서 노동자, 특히 해고노동자에 대한 배려는 내팽개쳐졌다. 정리해고 투쟁과정도 극단적인 격렬성을 드러내 그 후유증이 적지 않았다. 대규모 남성 해고자가 이렇게 오랫동안 미복직 상태로 놓인 건 근래 드문 일이기도 했다.

그런데 딱 부러진 '나쁜 놈'이 없는 경우가 사실은 시장경제다. 시장경제의 경쟁 속에서 패배한 기업은 구조조정이 불가피하기 때문이다. 이런 구조조정은 해고에서의 유연성만이 아니라 채용에서의 유연성도 필요로 하는데, 해고가 경직적이니 채용도 경직적이다. 그리하여 쌍용차 해고자는 쉽게 다른 기업에 채용되지도 못했다. 이 역시 자살 참극의 원인인 셈이다. 무분별한 정리해고는 당연히 규제해야 하지만 정리해고 자체를 폐지할 수 없는 상황에선, 사회안전망 즉 복지를 강화하는 방향으로 나아가야 쌍용차 비극의 재발을 막을 수 있다.

복지를 강화하는 게 해고를 멋대로 자행하는 빌미를 주지 않을까 우려하는 경우도 있기는 하다. 그러나 이미 우리는 거대기업 정규직에선 경직적이지만, 비정규직과 중소기업에선 상당히 유연한 이중구조를 갖고 있다. 따라서 우리의 노동유연화 핵심은 전체적 유연성을 강화하는 쪽이 아니라 유연성의 왜곡을 바로잡는 일이다. 정리해고를 없애자면서 복지제도 확충에는 별로 관심을 기울이지 않으면 그 정리해고를 막지도 못하면서 노동자의 삶도 괴롭히는 결과를 초래하고 만다. 물론 복지제도를 일거에 북유럽 수준으로 확충할 수는 없고, 한걸음 한걸음씩 그 방향으로 전진하면서 우리 식 모델이 만들어질 것이다. 이게 마지막 장에서 서술하는 새로운 체제 만들기의 진지전이다.

그리고 노동계를 비롯한 진보진영에선 쌍용차 회사 측이 복직 약속을 어기고 있다고 주장한다. 공장가동률이 올라갔는데도 무급휴직자를 복직시키지 않는다는 것이다. 하지만 사실은 좀 다르다. 당시 노사가 합의한 내용에는 공장을 2교대로 돌릴 수 있을 만큼 가동률이 올라갈 때 복직시킨다고 약속했다. 지금은 공장의 생산물량이 과거보다 늘기는 했으나 아직 1교대 상태다. 아직 일감이 모자란 것이다. 따라서 회사가 무리하게 해고자를 복직하도록 요구할 수는 없다. 하지만 회사와 국가가 해직노동자를 그냥 방치한 건 잘못이다. 실업수당이 변변찮으니 실직의 타격이 클 수밖에 없다. 국가 차원에서 실업수당을 제고해야 한다. 또 해고의 정신적 타격을 완화하는 상담을 해가면서, 새로운 일자리를 찾도록 북유럽 식의 적극적 노동시장정책을 통해 도움을 줘야 한다. 심리치유센터 '와락' 같은 자원봉사활동에만 맡겨둘 일이 아니라. 중앙 및 지방 정부와 회사가 적극 나서야 한다. 나아가 공장가동률 상승의 추이를 보아가며 무급휴직자부터 조금씩이라도 재취업시키는 방안도 논의해볼 수 있지 않을까 싶다.

실업수당 제고를 포함해 복지가 전반적으로 강화되면 대기업 정규직과 중소기업 노동자(및 비정규직)의 실질소득 격차가 축소된다. 한편으로 육아, 교육, 의료, 주거 등의 비용 중 국가가 부담하는 부분이 늘어나면 노동자들의 실질적인 소비지출 부담이 줄어든다. 다른 한편으로는 복지증대를 위해 증세정책을 실시하면 대기업 정규직의 세금부담이 늘어나 노동자들 사이에서 가처분소득의 차이가 줄어드는 것이다. 그리되면 쌍용차나 한진중공업에서와 같은 결사적인 정리해고 반대투쟁이 사라진다.

대기업 정규직에서 중소기업으로 옮기는 건 귀족에서 노예로 전락하는 듯한 느낌을 주는 게 오늘날의 우리 현실이다. 그런데 이를 바로잡으려고 군사독재시대처럼 강제로 국가가 대기업 정규직의 임금을 억압할 수는 없는 노릇이다. 공공부문 직원들의 임금인상률을 낮추는 건 불가능하지 않지만(물론 이것도 결코 쉽지는 않다), 민간기업 직원들의 임금에 국가가 개입할 길은 민주화된 상황에서는 불가능하다. 따라서 증세와 복지를 강화함으로써 노동자 사이의 부당한 격차를 완화하는 수밖에 없다.

다음으로 조선산업 차원에서는 공동 구조조정기금을 마련하는 것을 적극 검토해야 한다. 한진중공업과 같은 일이 다른 조선소에도 일어나지 말란 법이 없다. 아니 이미 작은 조선소에선 노동자들이 많이 해고되었다. 사회의 주목을 받지 못했을 뿐이다. 대형 조선소들은 조선 이외의 사업, 예컨대 해양 플랜트 등의 비중을 늘리고 또

고부가가치선으로 수주 선박을 옮겨가고 있다. 하지만 그래도 인력조정의 시기가 닥쳐올 가능성이 크다.

신발이나 섬유와 달리 조선업 노동자는 남성가장이 대부분이다. 따라서 구조조정의 충격이 상대적으로 더 클 수 있다. 2000년대 중반 조선업계는 초호황 속에서 많은 이익을 향유했으므로 구조조정기금을 확보할 여유는 있을 것이다. 초호황 속에 특정 업계가 이득을 거두고 있을 때 국가가 세금을 더 거두어 장래의 구조조정에 대비하든가, 아니면 업계 자체적으로 구조조정기금을 쌓아두도록 요구하는 방안을 생각해볼 수 있다.

마지막으로 한진중공업 총수의 책무를 따져보자. 청문회를 앞두고 출국한 조남호 회장은 계속 해외에 머무는 체하면서 분규현장에 나타나지 않았다. 정치적 압력으로 인해 2003년에 정리해고 조치를 철회한 전철을 밟고 싶지 않았기 때문일 것이다. 그러나 해결을 미루면서 사태는 점점 악화되었고 결국 조회장은 국회 청문회에까지 불려나오고 말았다. 책임을 회피하는 모습을 보이면서 정치적 압력은 압력대로 받게 되는 최악수를 둔 셈이다.

앞서 말했듯이 정리해고를 둘러싼 노사협상이 좋지 않은 '죄수의 딜레마' 상황으로 귀결되는 결정적 원인은 노사 상호불신이다. 노동자가 회사 사정을 이해하고 경영진을 신뢰하면 적절한 타협이 가능하다. 그걸 이끌어내지 못한 건 일차적으로 조회장의 책임이다. 예컨대 청문회장에서 조회장은 한진중공업 투신자살 노동자들의 영정사진을 식별하지 못했다. 물론 분위기에 눌려 얼떨떨해진 탓일 수도 있겠다. 하지만 조회장과 노동자 사이에 도대체 '일터라는 공동체'에 대한 연대의식이 존재하는지 의문이 들지 않을 수 없다.

그리고 일찍부터 조회장은 한진중공업 사태와 관련해 제대로 고통을 분담하는 모습을 보여야 했다. 물론 회사가 적자 본 것도 대주주인 총수에게 일종의 고통이기는 하다. 하지만 구조조정시의 '부실책임과 부담능력에 따른 고통분담' 원칙을 상기해보자. 경영부실에 책임이 있는 것도 아니면서 생계의 터전을 잃은 노동자의 고통과 비교해보라.

조선업 초호황 때 조회장은 많은 이익을 챙겼는데, 이번 위기에 그런 사재의 일부라도 내놓는 등의 책임지는 자세가 결여되어 있었다. 오히려 조회장은 이것저것 챙겼다. 조회장이 지분의 절반을 소유한 한진홀딩스(한진중공업의 지주회사)가 그전에는 받지 않던 브랜드 사용료 50억원을 2011년엔 한진중공업에서 징수했다. 또 한진홀딩스는 다른 산하 계열사가 이익을 냈다는 걸 명분으로 그룹 전체론 적자인데도 50억원의 현금배당을 실시했다. 한진중공업 임원 숫자를 줄여 조회장과 아들의 보수도 대폭 인상했다.

이래서야 한진노동자와 국민을 설득할 수 없다. 아이어코카(L. Iacocca)는 크라이슬러 위기 때 1달러의 연봉만 받았고, IMF 금융위기를 맞아 재벌총수들은 사재를 털었다. 마찬가지로 조회장은 사재를 내놓아 정리해고 노동자의 생활을 돕고 재취업을 지원했어야 했다. 사원아파트에 거주하는 정리해고 노동자에게 당장 방 빼라는 몰인정한 요구도 철회했어야 한다. 조회장은 결국 사회적 압력에 못 견뎌 희망퇴직자 장학금도 내놓고 사원아파트 퇴거 종용도 일단 거두어들였지만, 마지못해 취한 조치라서 별로 감동을 주지 못했다.

앞장서서 고통을 분담하는 자세를 보여야 했던 것이다.

논의를 마무리해보자. 한편에선 정리해고와 비정규직이라는 제도 자체를 없애자는 주장이 있고, 다른 한편에선 그 제도는 인정하되 무분별하게 이뤄지지 않고, 고통분담이 공평하도록 하고, 부당한 차별이 없도록 하자는 주장이 있다(해고도 멋대로 하려 하고 고통분담도 기피하는 보수수구파도 있지만 그건 논외로 하자). 나는 전자가 자본주의 시장경제와 양립하지 않기 때문에 후자를 택하자고 하는 것이다.

두 주장의 차이가 사소한 것으로 생각될지도 모르겠다. 하지만 기업과 나라경제가 불필요한 마찰 없이 생산구조를 변화 발전시키는 데엔 그 차이가 크다. 한국에서 거대기업 정규직의 정리해고 상황이 오면 노사협의가 제대로 이뤄지지 않고 결사투쟁이 전개되는 데에는, 기업주 책임이 일차적이지만 정리해고 제도 자체를 좀처럼 인정하지 않으려는 노조의 자세에도 원인이 있다.

물론 결사투쟁의 또다른 원인은 사회보장제도가 미비한 한국의 현실이다. 따라서 악 쓰고 끝장투쟁하는 노동자를 무조건 비난할 수 없다. 그러나 그런 상황은 결코 바람직하지 않다. 결사투쟁한다고 해서 뜻대로 성공하기도 어렵다. 군사독재와의 투쟁이 아닌 시장과의 싸움이기 때문이다. 따라서 올바른 해법을 찾자는 것이다. 정리해고를 하더라도 무분별하지 않도록 하고 그에 따른 고통은 공평하게 분담하자는 게 바로 그에 해당한다. 희망버스에 나타난 '이웃의 아픔에 대한 따뜻한 마음'이 이런 방향으로 모아져야 한다.

고용조정의 고통분담은 노동자 사이에서는 정규직과 비정규직 사이에서 이뤄진다. 한국에선 한진중공업에서 보듯이 그 고통분담이 극히 불공평하다. 비정규직은 악도 제대로 못 쓰는 것이다. 이를 바로잡아야 한다. 그리고 노동자와 기업주 사이의 고통분담도 불공평하다. 한진의 조회장처럼 재벌총수는 정리해고가 이뤄지는 마당에도 이리저리 챙겼다. 이런 게 당연하게 받아들여져선 사회통합이 어렵다.

기업주 사이의 고통분담 역시 불공평하다. 재벌총수는 회사가 망해도 해외에서 호화생활을 즐기지만, 중소기업주나 자영업자는 신용불량자나 노숙자로 전락하기까지 한다. 기업과 국민 사이에도 적절한 고통분담이 필요하다. 국민세금으로 복지사회를 건설해 기업의 고용조정에 대한 사회적 안전망을 확보하는 것은 바로 이러한 고통분담에 해당한다.

시장에 대한 민주주의적 규제를 강조하면 극우파는 빨갱이라고 비난한다. 반대로 시장의 효율성을 강조하면 한국의 일부 잘못된 좌파는 신자유주의자라고 비난한다. 양쪽 모두 바로잡아서 '시장경제와 민주주의'가 바로 서도록 해야 한다. 한진중공업 사태에서도 드러나듯이 이는 쉽지 않다. 군사독재와의 투쟁에서는 "무릎을 꿇고 살기보다는 서서 죽기를 원한다"는 자세가 존경받았던 반면에, 시장과의 투쟁에선 뱀 같은 지혜와 비둘기 같은 유연성이 필요하기 때문이다.

8

노동조합과의 충돌

2011년 여름 『창비주간논평』(http://weekly.changbi.com)에 「한진중공업 사태의 올바른 해법은」(2011.8.3. 이 글을 수정 보완하여 본서 제7장 「한진중공업 사태를 돌이켜보며」로 수록함)이라는 글을 실은 바 있다. 당시는 한진중공업의 정리해고 철회를 요구하는 김진숙 지도위원의 크레인 고공농성을 지원하는 희망버스 운동이 사회적 이슈로 주목받던 시점이었다. 진보언론에서는 연일 그 운동을 지지하는 기사와 칼럼이 등장했고, 일반시민·연예인·정치인·시민운동가 등 많은 사람들이 거기에 동참했다. 그런 상황이었으니 한진중공업 정리해고 철회 요구의 문제점을 지적한 내 글에 대한 파문은 작지 않았다.

한편에서는 많은 사람들이 지지를 보내기도 했지만, 다른 한편에서는 격렬한 비난이 쏟아졌다. 일시적 흥분 때문에 오버한 것이겠지만 트위터에서는 "김모는 앞으로 댓가를 치를 날이 있을 것이다"라는 무시무시한(?) 경고까지 떠돌아다녔다. 언론에서도 직접 나를 거명한 비판글이 여러 편 실렸고, 『프레시안』에는 나를 비판한 2편의 글이 동시에 실리기까지 했다(2011년 8월 8일 『프레시안』에 실린 2편의 글은, 박승호 「한진중공업 사태의 '불편한 진실'은 사실 왜곡: 김기원 교수의 '네 가지 왜곡된 진실' 비판」과 허민영 「'희망버스'가 사회주의를 꿈꾸냐고?: 김대호-김기원 주장에 대한 반론」이다. 이에 나는 2011년 8월 11일 『프레시안』에 「한진중공업 사태에 관한 재반론: 박승호소장과 허민영박사에 답한다」라는 반론을 실은 바 있다).

게다가 내 주장을 충분히 이해하고 있으리라 기대했던 분까지 왜 그런 글을 썼느냐고 질책에 가깝게 따진 일도 있었다. 김진숙 지도위원이 불쌍하지 않으냐는 것이다. 따뜻한 마음의 소유자로서 희망버스 운동에 공감한 사람들의 전형적 반응이 아닌가 싶다. 하지만 내가 김진숙 지도위원을 나쁜 사람이라고 쓰지 않은 것은 말할 것도 없고, 처지가 딱한 사람이 요구하는 것이라고 해서 옳지 않은 주장을 무조건 따라야 하는 것은 아니기 때문에 답답함을 금할 수 없었다.

고등학교 영어참고서에 실린 러셀(B. Russell)의 말에 지금도 기억하는 "The good life is one inspired by love and guided by knowledge"라는 구절이 있다. 그는 'knowledge without love'의 예로 세계대전의 참혹함을 들었고, 'love without knowledge'의 예로 유럽에서 페스트가 휩쓸었을 때 교회에 모여 기도함으로써 병이 더 빨리 퍼진 일을 제시했다. 영국의 경제학자 마셜(A. Marshall)도 '냉철한 두뇌와 따뜻한 가슴'(cool head, but warm heart)을 강조한 바 있다. 한진중공업 사태에는 바로 이런 경구가 적용되어야 한다.

왜곡보도와 빗나간 이해

내 글이 파문을 불러일으킨 데에는 『조선일보』의 보도 효과가 컸다. 이 신문에서 기사화됨으로 인해 많은 이들이 내 생각에 접하게 되었을뿐더러, 『조선일보』가 소개하니 진보신문들도 모른 척할 수 없게 된 것이다. 『조선일보』는 아무 연락 없이 내 사진도 내 홈페이지에서 그냥 가져다 쓰면서 내 글을 크게 다뤘다. 창비 글이 공개 글이니까 『조선일보』의 이런 보도태도 자체를 크게 나무랄 수는 없다. 과거 몇차례 『조선일보』에서 글을 청탁하거나 인터뷰를 요청했을 때 거부한 적이 있기 때문에, 아예 나에게 사전연락을 하지 않은 모양이었다.

그런데 문제는 『조선일보』 보도가 내 글을 왜곡했다는 점이다. 나는 글 첫머리에서 분명히 희망버스에 대해 "우리 사회에 아직 희망이 있다는 증거"(본서 124면 참조)라고 긍정적인 평가도 내렸다. 그런데 이건 싹 빼먹고 희망버스 참가자들이 잘못 알고 있는 사실이나 잘못된 관점을 갖고 있는 것을 바로잡은 부분만을 들어서, 마치 내가 희망버스를 일방적으로 비판한 걸로 보도했다.

그리고 『조선일보』는 묘하게 색깔론까지 걸어서 야당을 비난했다. 정리해고나 비정규직이 없는 세상은 사회주의라는 내 글의 내용을 야당을 언급한 기사 부분에 같이 연결시킴으로써 마치 야당이 빨갱이 주장을 하고 있는 듯한 인상을 풍기게 만든 것이다. 정치란 민생을 살피는 일이고 따라서 정치인이 갈등의 현장을 찾는 것은 당연한 일이다. 그런 정치활동에 『조선일보』는 뛰어난 왜곡 편집기술로 빨간색을 덮어씌운 것이다.

어쨌든 이렇게 『조선일보』에 크게 보도되니 내가 전향했느냐는 이야기도 들었다. 어떤 교수는 신문 칼럼에서 내가 우클릭했다고 단정하기도 했다(김인규 「'左클릭' 세상에서 '右클릭' 희망을 보다」 『조선일보』 2011.9.21). 졸지에 전향한 김문수 지사나 뉴라이트 같은 꼴이 된 셈이다. 진영논리가 과도하게 작동하는 한국사회에선 진보파의 오류를 바로잡으려는 진보파가 있을 수 있다는 걸 이해하기가 쉽지 않을 것이다.

그런데 한진중공업 사태만큼 주목을 받지는 못했으나 기본적으로 같은 성격을 갖는 2001년 대우자동차 정리해고 문제 때도 내가 개입해 비슷한 오해를 산 바 있다. 당시 대우차는 김우중 회장의 방만한 부실경영으로 파산한 상태였다. 이 파산한 대우차를 어떻게 재건할 것인가를 둘러싸고 노조(및 그와 결합한 진보파 학계)와 내가 논쟁을 벌였던 것이다.

2011년의 한진중공업이 영도조선소의 경영 악화에도 불구하고 보유 부동산 매각과 필리핀 조선소 덕분에 회사 전체가 재무적으로는 위기에 처하지 않은 것과는 달리, 당시의 대우차는 이미 재무적으로 거덜난 처지였다. 게다가 김우중 회장은 해외로 도피한 상태였다. 노조가 대들 상대가 마땅찮았다. 2009년의 쌍용차 사태와 비슷했다. 그런 상황에서 노조-진보파 학계는 GM에 대한 매각과 노동자 일부의 정리해고에 강력하게 반대했다. 이는 결국 정부가 세금으로 대우차를 끌고 가라는 요구였던 셈이다.

그런데 노조의 요구는 무리였다. 미국의 크라이슬러처럼 위기에 빠진 자동차회사를 정부가 지원한 사례가 있기는 하다. 노조는 이걸 근거로 삼았다. 하지만 크라이슬러는 인수하고자 한 회사가 없었던 경우라 인수 희망자가 있었던 대우차와는 사정이 달랐다. 게다가 당시 한국에선 현대차라는 더 큰 회사가 돌아가고 있는 상황이어서 경쟁사인 대우차를 정부가 적극 지원할 형편이 아니었다.

정부는 기껏해야 지원하는 시늉만 할 것이고 그러다가 대우차는 말라죽을 게 뻔했다. 일반소비자를 직접 상대하지 않는 대우조선이나 하이닉스 같은 경우엔 은행관리 상태에서도 회사의 재건이 불가능하지 않다. 그러나 일반소비자의 인식이 중요한 대우차에선 은행관리로 계속 끌고 가면 회사가 시들어버릴 가능성이 높다. 따라서 민족감정에 비추어 내키지는 않더라도 GM이라는 외국회사로의 매각이 불가피한 선택이었다. 그게 경영진뿐만 아니라 노동자를 위한 길이기도 했다. 또한 IMF 금융위기와 회사파산으로 인해 가동률이 떨어진 상황에서 일정한 정리해고 역시 불가피했다. 나중에 경영이 정상화되어 해고노동자를 복직시키기를 기대할 수밖에 없었다.

하지만 노조는 GM으로의 매각과 정리해고에 반대해 격렬한 투쟁을 전개했다. 심지어 정리해고에 앞서서 무급 순환휴직을 시행하자는 경영진의 제안조차 거부했다. 무조건 버티면 무슨 수가 나지 않겠느냐는 막연한 사고였다. 정부가 어떤 생각을 하고 있고, 한국의 자동차업계 상황이 어떤지에 대한 고려를 제대로 하지 않았던 것이다. 노조는 과거 임금협상에서도 경영진의 회계자료를 믿을 수 없으니 일단 무조건 높은 수준의 요구를 제시하곤 했다. 회사가 분식

회계를 자행하고 있으니 이런 협상방식이 나름대로 일리가 있었다. 그런데 그런 방식이 회사 파산이라는 전혀 다른 상황에서도 답습된 셈이다.

그리하여 내가 노조의 투쟁방식이 잘못되었다고 『한겨레』에 글을 썼더니(2001년 3월 27일자 「대우차 부활을 위하여」와 4월 7일자 「대우차 부활을 위한 재반론」), 민주노총에선 "등에 비수를 꽂았다"고 비난했다. 또 대우차 문제를 둘러싸고 개최된 인천의 공청회에 몇차례 토론자로 참가했더니, 아예 내 발언을 봉쇄하거나 야유를 퍼붓는 일들이 있었다. 자신들의 마음에 들지 않는다고 회의를 방해하는 이런 비민주적 행태는 그후 진보파에서 갖가지 불상사로도 나타났다. 민주노총 대의원대회에 시너를 들고 뛰어든다거나 통합진보당 중앙위원회에서 폭력을 휘두른 게 바로 그런 경우다.

대우차 사태는 노조의 저항에도 불구하고 내가 예상했던 대로 진행되었다. GM이 대우차 경영을 떠맡게 되고 시간이 흐를수록 노조의 정리해고 반대투쟁은 수그러들었다. 그리고 경영이 정상화되면서 해고자 중 재입사 희망자 전원이 단계적으로 복직되었다. 이게 시장의 당연한 논리다. 경영상황이 개선되지 않으면 아무리 열심히 투쟁한들 정리해고자 문제가 해결될 수 없다. 기업경영이란 게 자선사업이 아니기 때문이다.

사실 대우차 노동자 특히 정리해고 대상이 아닌 노동자 다수는 나와 같은 의견에 암묵적으로 동조하고 있었다. 하지만 차마 그걸 입밖에 내기 힘들었던 것이다. 정리해고 당한 동료에 대한 미안함이 작용했을 것이다. 노조지도부 역시 정리해고를 수용하는 자세를 취하는 순간에 쏟아질 노조 내 반대 정파의 공격이 부담스러웠을 것이다. 다만 노조의 투쟁노선에 대해 내가 공개적으로 문제를 제기하면서 노동자 대중들의 분위기는 상당히 바뀌어갔다고 들었다.

주식배당과 비정규직에 대한 이해

대우차와 비슷한 대규모 정리해고 사태가 또다시 벌어진 게 2009년의 쌍용자동차 사태였다. IMF 금융위기 때 쌍용그룹이 해체되면서 대우에 넘어갔던 쌍용자동차는 대우그룹 역시 해체되면서 인수주체를 찾지 못한 채 여러 해를 보내다 2004년에 중국 상하이자동차에 인수되었다. 그러나 그후에도 경영상황이 별로 나아지지 못하고 2008년엔 세계금융위기에 직면해 매출이 급감했다. 그리하여 2009년 들이 상하이자동차 측은 철수를 선언하고 법정관리를 신청했으며, 이에 따라 정리해고가 단행된 것이다.

당시의 노조는 대우자동차 사태를 교훈 삼아 무급휴가와 임금삭감이라는 타협안을 내놓기는 했다. 그러나 경영진은 가동률이 떨어진 상황에서 이 정도의 양보만으로는 회생이 불가능하다고 판단했다. 그리하여 2,000여명의 비정규직을 해고한 데 이어 정규직 약 3,000명을 희망퇴직·정리해고·무급휴직이라는 방식으로 정리했다. 이런 조치에 대해 노조는 파업과 77일간의 공장점거라는, 대우차에서보다 격렬한 투쟁을 전개했으나 결국 경찰력에 의해 진압되고 말았다.

그러자 정리해고 당하지 않고 살아남은 자로 구성된 노조는 곧바로 금속노조와 민주노총에서 탈퇴해버렸다. 상급단체의 투쟁노선에 실익이 없다고 판단한 것이다. 파업을 끝내면서 경영진과 노조 사이에 맺어진 합의사항과 사망자 문제는 7장에서 이미 다룬 바 있다. 대우차 문제와 마찬가지로 쌍용차 문제 역시 일감이 없는 노동자에게 월급 주면서 계속 고용할 수는 없다는 시장논리를 노조가 받아들이지 않은 데서 출발했다. 거기다가 이명박정권과 경영진은 제대로 설득하려 하기보다 힘으로 밀어붙임으로써 사태를 악화시켰다. 그리고 투쟁이 격렬했던 만큼 후유증은 더 컸다. 쌍용차 사태에 대해서도 『창비주간논평』에 내가 글을 쓴 바 있으나(「쌍용차 사태와 덴마크모델」 2009.8.12) 파업이 종료된 후라서 별 반향은 없었다.

쌍용차 사태에 이어 발발한 정리해고 문제가 한진중공업 사태였다. 한진중공업 노조는 쌍용차 노조의 투쟁이 정리해고는 저지하지 못하면서 도리어 노조가 상급단체로부터 이탈하는 결과를 초래했음을 목도했다. 그래서 앞에서 언급한 대로 노조는 회사와 타협하는 길을 모색했고, 그 와중에 김진숙 지도위원이 갑자기 크레인에 올라가면서 희망버스 운동이 나타나게 된 것이다.

이미 7장에서 한진중공업 사태를 포함한 정리해고 문제에 대해서 충분히 다루었으므로, 여기서는 내 글과 관련된 논쟁에 대해 약간 보충하기로 한다.

먼저 한진중공업이 100주당 1주씩 나누어준 주식배당이 주주에게 실질적으로 아무 혜택도 없다는 걸 납득하지 못하는 사람들이 꽤 있었다. 나에 대한 비판글을 게재한 경우를 비롯해서 한진중공업 회장을 소환한 국회 청문회에서도 여러 국회의원들이 이른바 174억원의 '배당금 잔치'에 대해 추궁했다. 그래서 부연 설명해보기로 한다. 나는 회사 경영진을 옹호하고자 하는 것이 아니다. 제대로 비판을 해야 문제가 고쳐진다. 비판이 헛발질이 되면, 문제는 고쳐질 수 없다.

회사의 대차대조표를 보면 좌변은 자산 항목이고 우변은 자본총계와 부채로 구성되어 있다. 그리고 자본총계는 자본금, 자본잉여금, 이익잉여금으로 나뉜다. 주식배당은 이익잉여금 항목의 금액을 자본금 항목으로 옮기는 일이다. 한진중공업은 2010년엔 적자였으나 그 이전의 이익을 쌓아놓은 이익잉여금이 있었기 때문에 이런 이전이 가능한 것이다.

이렇게 이익잉여금을 옮길 때에는 주식의 액면가로 계산해서 처리한다. 그러니까 당시 싯가가 36,000원이었다고 하더라도 액면가 5,000원으로 치고 거기에 주식배당을 위한 신규발행주식량(기존 주식 물량의 대략 1퍼센트)을 곱한다. 그 금액이 회사 측이 주식배당액이라고 말하는 23억원이다. 하지만 그 금액도 명목상의 금액일 뿐 회사 쪽에서 주주에게 빠져나온 게 아니다. 그냥 장부상 이익잉여금 항목에서 자본금 항목으로 옮겨갔을 뿐이다. 회사에서 빠져나온 돈은 하나도 없는 것이나.

회사에서 주주 쪽으로 빠져나온 게 없는데 주주가 혜택을 볼 수는 없다. 만약에 회사에서 빠져나온 게 없는데 주주가 혜택을 본다면 그건 요술이다. 이런 요술이 가능하다면 한진중공업에서 100주당 1주만 줄 게 아니라 10주나 100주를 주면 회사로부터는 아무것도 빠져나간 게 없지만 주주는 1,740억원이나 1조 7,400억원의 이득도

볼 수 있다. 이게 말이 되는가. 어처구니없는 일이다. 주식배당을 하면 배당락(配當落)이라고 해서 주식물량이 늘어난 만큼 주가를 하향 조정한다. 1퍼센트가 배당되었으면 1퍼센트 하락시킨 가격에서 주식거래를 시작한다. 다만 증권거래소에서 그렇게 시작한 주가는 시황에 따라 올라갈 수도 있고 더 내려갈 수도 있다.

그렇다면 이런 의문이 들 것이다. 그런 실익도 없는 주식배당을 왜 하느냐 하는 것이다. 이익잉여금을 자본금 항목으로 옮기면 앞으로 현금배당 같은 방식으로 빼가기 힘들어진다. 유통물량을 늘려서 거래를 쉽게 하기 위해서일 때도 있다. 또 일종의 조삼모사(朝三暮四) 같은 성격도 있다. 한진중공업처럼 주주들에게 이전에 현금배당을 해오다가 아무것도 안 주기 미안할 때 취하는 조치이기도 하다.

이런 내용은 대학의 『재무관리론』 교과서를 펼치면 금방 알 수 있다. 그런데 대부분의 진보파는 기업을 경영하는 입장에서 사태를 바라보는 노력을 하지 않으니 관련된 경영학 책을 펼쳐보지 않는다. 물론 한국의 보수파는 노동자의 입장에서 사태를 바라보는 노력을 하지 않는다. 모두 역지사지(易地思之)하지 않는 셈이다.

다음으로 정리해고와 비정규직의 관계에 대해서 따져보자. 한진중공업 문제를 둘러싸고 나와 논쟁했던 진보파의 강신준 교수는 "정규직을 해고시킨 뒤 조금 회복되면 정규직 자리에 사내하청 노동자들이 들어왔다" "정규직 일자리가 보호되지 못하면 후세대인 청년들은 비정규직으로 일해야 한다"라고 주장했다(「'희망버스'는 정리해고 해법 찾을까… 진보진영은 논쟁중」, 『한겨레』 2011.8.5). 정리해고를 저지하는 강력한 투쟁이 있어야 비정규직이라는 나쁜 일자리를 줄일 수 있다고 하는 셈이다.

그런데 이런 주장은 현실과 잘 부합되지 않는다. 정년퇴직 등으로 비게 된 정규직 자리에 비정규직을 쓸 수는 있다. 그러나 대량의 정리해고로 빈 자리에 비정규직을 쓰기는 곤란하다. 우리나라 법에서 그런 조치를 금지하고 있고, 노조가 문제를 삼을 수 있기 때문이다. 만약에 그걸 방치했다면 노조에도 책임이 있다. 물론 사내 하청에서 일하는 사람들을 정확히 파악하는 데는 어려움이 있다. 하지만 노조가 따지려고 들면 따지지 못할 사안이 아니다. 그러므로 강교수가 말하는 경우가 있다 하더라도 얼마 되지 않는다고 봐야 할 것이다. 물론 우리 현실이 다 법대로 움직이는 건 아니지만 노조라는 견제력의 존재를 무시해선 안 된다. 대우차 정리해고자도 그래서 전원 복직됐던 것이다.

조선소에서는 실제 비정규직의 비율이 대단히 높다. 80퍼센트에 달하는 곳도 있다. 그런데 그 비정규직들은 정규직이 해고되고 난 자리에 들어온 게 아니라, 회사가 성장하면서 고용규모를 늘릴 때 비정규직을 주로 채용했기 때문이다. 그리고 강교수 주장처럼 정규직 고용이 잘 보호되면, 다시 말해서 경직적이면, 비정규직이 줄어드는 게 아니라 오히려 늘어나는 게 현실이다. 기업 입장에서 생각해보라. 경기는 호황과 불황을 반복하기 마련이고 기업에서 고용조정이 필요해질 때가 있다. 이럴 경우 현대차, 대우차, 쌍용차, 한진중공업에서처럼 정규직의 결사투쟁에 직면하면 다시는 정규직을 늘리고 싶지 않게 된다. 비정규직 확대에는 싼 인건비도 작용하지만 정규직의 고용경직성도 중요하게 작용한다는 건 대기업간부들이 솔직하게 털어놓는 바다.

한진중공업의 필리핀 조선소에서는 노동자 대부분을 해고가 용이한 비정규직으로 채웠다. 비정규직의 무분별한 확대라는 바람직하지 못한 현상이 국제적으로 퍼지고 있는 셈이다. 거기선 정규직이나 비정규직이나 비슷하게 싼 임금일 텐데도 그렇게 했다. 한국의 사업장에서 정리해고 문제로 혼이 났기 때문일 것이다. 기아차의 계열사 동희오토에서도 대부분이 비정규직이다. 기아차에서 정리해고된 자리에 비정규직을 채운 게 아니라 아예 출발부터 그렇게 해버린 것이다. 현실은 강교수의 주장과 정반대이고, 정규직의 경직성과 무분별한 비정규직 확대가 상호작용하고 있는 셈이다.

거대기업 정규직 노조의 위상 변화

여기까지 보았듯이 정리해고 문제를 둘러싸고 노조와 진보파가 올바른 방향을 설정하지 못하는 데는 여러 이유가 있을 것이다. 현실을 냉철하게 분석하려는 자세가 결여된 것도 하나의 요인일 것이고, 예전 노동운동의 관성도 작용할 것이다. 그러나 더욱 중요하게는 1987년 이후 한국 노조 특히 거대기업 정규직 노조의 위상 변화가 영향을 미쳤다. 때문에 잠시 한국 노동조합의 역사를 돌이켜볼 필요가 있다.

격렬한 좌우대립으로 인해 해방 직후의 노조활동은 목숨을 담보해야 할 만큼 위험한 일이었다. 1960년 4·19혁명으로 잠시 노조가

숨을 쉬나 했더니 5·16쿠데타로 다시 탄압의 날들이 계속되었다. 그러다 노동자들이 양적으로 성장하면서 열악한 노동현실에 대한 저항의 몸부림은 산발적으로나마 불거질 수밖에 없었다. 대표적으로 1970년 전태일이 분신자살하고, 그후 동일방직 여공들이 민주노조를 조직했는가 하면, 현대중공업에서 파업이 발생하고, 제일제당에서 노조를 설립하려는 시도가 있었다.

하지만 1980년 전두환의 쿠데타로 한동안 노조운동은 활성화될 수 없었다. 서슬 퍼런 군사독재 치하였던 것이다. 그래도 시간이 흐르면서 1970년대 후반 중화학공업화의 산물로서 대공장에서 남성 노동자들이 힘을 키워가기 시작했다. 그리하여 마침내 1987년 6·10항쟁과 6·29항복선언으로 정치적 공간이 자유화되자, 노조활동이 봇물처럼 터져나온 것이다. 1986년과 1987년을 비교해보면, 276건이었던 노동쟁의는 3,749건으로, 노조 숫자는 2,675개에서 4,104개로 급증했다.

이리하여 1987년 이후 한동안은 노조가 경제민주화의 견인차였다. 노조 활동 덕분에 학력별·성별·직종별 임금격차가 축소되고 회사 내의 인격적 차별도 많이 해소됐다. 그리고 이 무렵에 발족한 전교조는 올비른 스승 상을 제시해주기까지 했다. 당시 정부당국의 전교조 교사 감별법에 따르면 "촌지를 받지 않는 교사, 형편이 어려운 학생들과 상담을 많이 하는 교사, 지나치게 열심히 가르치려는 교사, 학생들에게 자율성과 창의성을 높이려는 교사, 교무회의에서 원리원칙을 따지며 발언하는 교사"가 전교조일 가능성이 높다고 했으니 더 말할 필요가 없다.

그런데 1990년대 이후 노조와 관련해선 새로운 모습이 부각되어 갔다. 거대기업은 독점력에 의거해 중소기업과의 수익성 격차를 늘려가고, 대규모 조직력을 갖춘 해당 기업노조는 그런 수익을 나누어 갖게 되었다. 이런 상황에서 거대기업은 노조의 강한 단결력을 피해 나갈 방법을 찾았다. 고용의 유연성을 확보하고 임금압박을 줄이려고 비정규직 고용을 늘려간 것이다.

그리하여 거대기업 정규직과 비정규직(및 중소기업 노동자) 사이에는 넘기 힘든 장벽이 구축되어왔다. 한국 근로자의 평균임금이 연 2,000~3,000만원인 데 반해 잘나가는 거대기업 정규직의 경우엔 연 7,000~8,000만원인 상태다. 임금뿐 아니라 복지 면의 격차도 엄청나서 거대기업 정규직에 대해선 자녀의 대학등록금까지 회사에서 부담해주는 일이 적지 않다. 대표적인 복지정책의 하나로 흔히 거론되는 '반값 등록금' 구호는 그들에겐 해당되지 않는 셈이다. 이제 거대기업 노조는 엥겔스(F. Engels)가 말한 '노동귀족'의 반열에 올랐다고 해도 과언이 아니다.

북유럽에서는 노조의 조직률이 70퍼센트 정도로 대단히 높다. 따라서 노조는 노동자 전체의 이익, 나아가서 사회 전체의 이익을 고려하지 않을 수 없다. 사회 전체의 이익을 무시하면 사회가 파탄나서 결국 노동자도 피해를 입기 때문이다. 반면에 노조 조직률이 10퍼센트 수준인 한국에서 노조는 올슨(M. Olson)이 말하는 노동자와 사회 전체의 이익을 경시하는 특수이익집단이 되어가고 있다. 거대기업 노조가 특히 그렇다.

이렇게 특수이익집단화한 한국의 노조는 자본과 권력의 횡포를 견제하는 진보파의 성격을 아직 갖고는 있다. 이명박정권의 민주주의 침탈에 저항한 MBC 등 방송사 노조의 파업이 그 대표적인 경우다. 하지만 거대기업 노조에서는 여러 가지 문제점도 드러나고 있다. 예외도 있기는 하지만 거대기업 정규직 노조는 같은 작업장에서 일하는 비정규직의 정규직 노조 가입을 거부하거나 꺼리기 일쑤다. 비정규직을 자신들의 고용안전판으로 생각하기 때문이다. 또 갖가지 타락상도 엿보인다. 사원채용과 관련해 뇌물을 받는다든가, 납품과 관련해 리베이트를 받은 사건도 있었다. 노조집행부 권력을 쟁취하기 위한 파벌 간의 투쟁은 이념과 노선의 차이에 따른 투쟁이라기보다 권력 그 자체를 위한 투쟁인 경우도 적지 않다.

과거에는 한국사회의 모순구조를 자본과 노동 사이의 관계로 파악해왔다. 그러나 요즘 와서는 자본 사이, 노동자 사이의 모순구조가 더욱 심각하게 대두되고 있다. 재벌과 중소기업 사이의 모순구조 그리고 거대기업 정규직과 비정규직(및 중소기업 노동자) 사이의 모순구조가 바로 그것이다. 게다가 그것들이 복잡하게 뒤엉켜 있다.

이런 모순구조를 바로잡는 것은 시장의 공정한 경쟁을 추구하는 개혁의 과제로서 진보파에게 익숙지 않은 것이다. 더욱이 거대기업 노조는 사회적 약자라기보다는 노동귀족의 성격을 띠어가면서 오히려 개혁의 걸림돌이 되기도 한다. 그러니 이들은 정리해고를 비롯한 노동시장 문제에 대한 올바른 해법에 접근하기 어려워졌다. 재벌체제에 대한 개혁을 재벌 손에만 맡겨둘 수 없듯이 노동시장 개혁도 거대기업 노조의 자율에 맡겨두기 힘들어졌다. 국가와 시민사회가 제대로 역할을 수행해야 할 국면인 셈이다.

9

진보파의 계보를 더듬으며

 2012년 4월 총선 이후 통합진보당의 비례대표 경선이 부실과 부정으로 얼룩진 사실이 밝혀지고, 그 뒷수습 과정에서 억지와 폭력이 난무했다. 그러면서 종북 논란이 일파만파로 확대되고 진보파의 정체가 무엇인지가 화두로 떠올랐다. 그리하여 '요거 잘 걸렸다'는 듯이 수구적 보수파의 구태의연한 색깔론이 기승을 부렸다. 하지만 오랫동안 골방에만 존재하던 일부 진보파가 제도권으로 등장하는 과정에서 이런 진통은 불가피하다는 점을 간과해선 안 된다. 그런 불가피성을 이해하려면 우리 진보파의 계보를 더듬어볼 필요가 있다.
 우리 진보파의 출발은 일제강점기의 항일투쟁으로 거슬러올라간다. 항일투쟁세력으로 민족주의 계열은 국내에서는 조만식, 해외에서는 김구나 이승만 등이 대표였다. 사회주의 계열로는 국내에서는 박헌영, 해외에서는 김일성이나 무정이 대표였다. 광복 이후 남한에 선 이승만이 김구를 제거하고 정권을 장악했지만, 북한에서 정권을 장악해나간 것은 조만식과 박헌영을 제거한 김일성 세력이었다.

한국 진보파의 갈래들

여기서 문제는 김일성의 항일무장투쟁이 한국에서는 입에 올려서는 안 되는 터부였다는 사실이다. 고등학교 때까지의 교육에서는 이른바 '가짜 김일성론'을 가르치고 있었다. 김일성의 본명은 김성주로서 항일투쟁을 한 진짜 김일성과는 다른 인물이고, 김일성의 항일투쟁 경력은 날조라는 것이었다. 하지만 일제시대 독립운동을 하는 사람들은 흔히 가명을 사용했다. 김구의 본명도 김창수였다. 북한에서 김일성의 항일투쟁을 지나치게 과장해서 받들고 있기는 하지만, 그렇다고 그의 항일투쟁 자체를 부인할 수는 없는 노릇이다. 오늘날 대부분의 남한 학자뿐만 아니라 중앙정보부장이던 김형욱을 비롯해 중앙정보부 산하기관에서 출간한 책도 그 점은 받아들이고 있다.

1987년 민주화 이전에는 김일성의 항일무장투쟁을 언급하는 것 자체가 국가보안법에 저촉될 수 있는 사안이었다. 북한에 공작원을 파견하던 정보사령부에 군속으로 근무하던 친척의 집에서 김일성의 빨치산 투쟁시절 사진이 실린 책을 보고 대학생 때 놀란 적이 있기는 하지만, 나도 제대로 사실을 파악하게 된 것은 대학원에 들어와서 이런저런 자료를 접하면서였다. 그때의 경험은 충격 그 자체였다.

오늘날도 잔존하는 한국의 주사파(주체사상파)도 바로 이 김일성의 항일무장투쟁 사실을 알게 되면서 사고체계가 뒤흔들린 사람들이라고 생각된다. 고등학교 때까지 엉터리 반공교육을 받다가 진실에 부딪치면서 그 진실의 무게를 감당하기 어렵게 된 것이다. 우리 교육에서 김일성에 대해 인정할 것은 인정하고 비판할 것은 비판했더라면 주사파가 그렇게 힘을 얻지는 못했을 것이다. 거짓 교육이 정반대 효과를 불러온 '거짓말의 역설'이라고 해야 할 듯싶다.

물론 이승만의 외교노선에 견주어 김일성의 항일무장투쟁이 훨씬 고난에 찬 투쟁이었으므로, 남한이 정통성에서 북한에 밀리는 느낌이 들어 진실 교육을 수행할 자신이 없었을 것이다. '만주 벌판에서 풍찬노숙하던 빨치산'이라고 하면 다가오는 이미지부터 다르지 않은가. 게다가 이승만정권 시대 남한의 정치는 독재체제고 경제상황은 북한보다 별로 나을 게 없었다. 박정희나 전두환 시대에 들어와서는 남한이 경제 면에서 북한을 능가해가고 있었으나 하층민의 삶은 크게 나아지지 않았다. 또 그 정권들은 군사독재체제여서 정보의 자유로운 유통을 억압하고 있었다.

북한체제를 숭배하는 주사파는 이런 역사적 조건 속에서 배태된 것이다. 그러나 나는 김일성의 항일투쟁 사실에서 충격을 받았으나, 북한 자료를 더 많이 접하면서 생각이 바뀌었다. 북한의 역사학자들이 쓴 논문에, 심할 때는 페이지마다, "위대한 김일성동지께서는 다음과 같이 교시하시었다"라고 하면서 진한 고딕체로 김일성의 말씀이 들어 있는 것이었다. 이는 또다른 충격이었다. 김일성이 신이 아닐진대 학자의 논문에까지 그의 어록을 실어야 하는 사회는 결코 바람직하지 않다는 판단이었다. 나치 전범이 아르헨띠나에 숨어 선행을 베풀더라도 과거의 범죄가 용서될 수는 없다. 현재가 과거를 반드시 정당화하지는 않는다. 거꾸로 과거 김일성의 영웅적 항일투쟁이 해방 후 그의 개인숭배체제, 나아가 오늘날 북한현실을 반드시 정당화하지도 않는 셈이다.

게다가 남한사회에 대해 북한당국이 출간한 책을 보니 더욱 황당했다. 농촌의 '매판지주'를 남한의 주요한 적대계급에 포함시키고 있었다. 일제강점기에 일본제국주의에 동조하는 매판지주가 있었던 것처럼, 남한에서도 미제국주의에 동조하는 매판지주가 있다는 설명이다. 남한 농지개혁에 대한 무지를 드러낸 셈이다. 한국 농촌의 현실을 조금이라도 들여다봤으면 이런 터무니없는 주장을 하지는 않았을 것이다. 즉 북한은 남한사회의 변화발전을 인식하지 못하고 있었던 셈이다. 그래서 '해방'된 북한과는 달리 남한은 일제강점기와 마찬가지로 '식민지 반(半)봉건사회'라는, 현실과 동떨어진 이론을 펴게 된 것이다. 나중에 북한당국은 남한에 대해 조금 진전된 이론이랍시고 '식민지 반(半)자본주의'라는 규정을 제시하기는 한다. 하지만 여전히 비현실적인 내용이었다. 그래서 나는 주사파를 받아들이지 않기로 했다.

그후 주사파 사람들과 대화를 나눌 때마다 답답한 마음을 금할 길 없었다. 수십만명이 아사(餓死)했다고 추정되는 1990년대 중반 '고난의 행군'을 비롯해 오늘날 북한 인민이 어렵게 지내는 상황을 보

자. 주사파에겐 그 근본원인이 미제국주의이지 북한체제 자체의 문제는 아니었다. 물론 미국과의 관계 개선이 북한으로서는 어려움을 벗어나는 중요한 관건이긴 하다. 하지만 같은 '미제국주의'와 상대하면서도 베트남이나 중국처럼 개혁과 개방을 통해 인민의 삶을 향상시킬 수도 있다는 사실을 이들은 보지 않으려 했다.

2005년 평양에서 묘향산 가는 길의 산에 "일편단심 김일성 동지만을 굳게 믿고 따르는 충신이 되자"라는 구호가 새겨져 있는 것을 본 적이 있다. '나라에 충성을 바치자'라는 구호라면 몰라도 '충신이 되자'는 것은 북한이 왕조체제의 성격을 띠고 있음을 의미하는 것이다. 북한에서 제작한 동영상인 「위대한 선군 조선의 어머님」을 보면 김정일의 부인이었던 고영희에 대해서도 북한은 '충신 중의 충신'이라는 표현을 사용한다. 이런 사실을 알려줘도 주사파는 잘 믿지 않았다. 조선왕조에서 식민지시대를 거쳐 민주주의의 세례를 받을 기회가 없었던 북한체제의 문제점을 인정하지 않는 것이다. 오늘날도 싱가포르나 사우디처럼 일당독재나 왕조체제가 지속되는 경우가 있기는 하다. 하지만 그런 나라들에도 최소한 시장경제는 발달해 있다. 이런 상황에도 못 미치는 북한체제의 낙후성을 주사파는 외면했다.

주사파는 흔히들 내재적 접근법이라는 걸 내세운다. 독일의 송두율(宋斗律) 박사가 퍼뜨린 논리인데, 민주주의라든가 하는 외부의 논리가 아니라 북한 내부의 입장에서 북한을 바라보아야 한다는 것이다. 얼핏 생각하면 일리가 있다. 북한이 움직여가는 메커니즘은 북한 내부의 관점에서 바라봐야 이해가 된다. 그러나 '이해가 된다'와

'바람직한 상태다'는 전혀 다른 이야기다. 전두환 독재체제도 왜 그런 체제가 성립되었는지 이해는 할 수 있지만 동의할 수는 없다. 그래서 민주화투쟁을 벌여 체제를 변혁했던 것이다. 북한체제를 이해한다고 해서 반드시 옹호해야 하는 건 아니다. 오히려 잘 이해해서 어떻게 해야 바람직한 체제로 변화시킬 수 있을지를 찾아내야 한다.

여기서 유의해야 할 점은 북한체제가 시대착오적이라 하더라도 이명박정권처럼 마찬가지의 시대착오적인 냉전논리를 적용해서는 안 된다는 것이다. 북한을 개혁과 개방의 길로 나아가게 하려면 비바람정책이 아니라 남북한이 평화와 협력의 관계를 발전시켜야 한다. 당장 북한체제를 무너뜨리는 것도 어려울뿐더러, 무너뜨린다 하더라도 수백만 난민이 몰려들 수도 있는 사태에 대한 마땅한 해법도 없다. 그런 판에는 북한이 점진적으로 개혁과 개방의 길로 갈 수 있게끔 남한이 정치적·경제적 조건을 만들어줘야 한다. 남북연합까지 갈 수 있으면 좋겠지만, 당장 그러지 못하더라도 할 일은 적지 않다. 개성공단의 대폭 확대, 평화협정 체결 같은 것들이 그런 예다. 주사파는 '북한 숭배' 대신에 이런 '북한 돕기'로 방향을 전환했으면 좋겠다.

그런데 해방 이후 남한의 진보파는 북한정권과 연계를 맺거나 그 체제를 숭배하는 집단만으로 구성된 것은 결코 아니었다. 1950년대에는 남로당 당원이었다가 박헌영을 비판하고 탈당해 이승만정권 하에서 농림부 장관을 맡아 농지개혁을 실행한 조봉암의 진보당 같은 세력이 있었다. 불행히도 조봉암은 이승만정권에 의해 간첩이라는 누명을 쓰고 사형당했다. 그리고 1960년 4·19혁명에 의해 열린

공간을 통해 민주민족청년동맹, 사회당, 민족자주통일중앙협의회 등의 혁신계가 등장했으나 5·16쿠데타로 철퇴를 맞기도 했다.

　박정희정권하에서는 통혁당처럼 지도부가 북한정권과 연계를 맺은 조직도 있었으나, 그렇지 않고 자체적으로 혁명을 꿈꾸거나 민주화를 추진하려는 세력이 성장해갔다. 특히 1972년 유신독재체제가 수립되면서 학생들의 민주화운동은 날로 강화되었다. 대표적으로 1974년에는 전국적 학생시위를 조직한 민청학련(전국민주청년학생총연맹) 사건이 발발하고 긴급조치가 발동되었다. 그리고 유신체제에 대한 불만은 북한과 직접 연결되지 않은 혁명조직으로서 남민전(남조선민족해방전선 준비위원회)의 결성으로 이어지기도 했다.

　1980년 광주의 대량학살과 무장항쟁은 진보파의 흐름을 질적으로 변화시킨다. 유신체제하에서 민주화를 요구하던 수준을 넘어선 것이다. 각종 혁명이론이 소개되고, 반미가 본격적인 이슈로 등장하고, 위장취업을 통한 노학연대가 널리 퍼져갔다. 대표적인 혁명이론으로 남미의 종속이론을 비롯해 레닌의 혁명론, 그리고 주체사상에 대한 학습 붐이 불었다.

　그리하여 혁명적 진보파는 여러 갈래가 등장했지만 크게 봐서 이른바 NL(National Liberation, 민족해방파)과 PD(People's Democracy, 민중민주주의파)의 둘로 나뉜 것이다. NL은 제국주의 문제를 중시했고 PD는 국내 계급투쟁을 중시했는데, 나중에는 각각 자주파와 평등파라고도 불렸다. 그리고 NL은 주체사상을 신봉하는 주사NL과 그렇지 않은 비주사NL로 다시 구분되었다.

한국의 민주화와 소련체제 붕괴

나는 주체사상에선 일찍 떠났으므로 PD에 가까웠던 셈이다. 그래서 실증연구를 하는 한편으로 당시 사회구성체 논쟁을 주도하던 선후배들과 한동안 한국사회의 혁명을 위한 공부를 함께하기도 했다. 맑스와 엥겔스의 저술은 물론이고 볼셰비끼 당사 등 각종 혁명이론서와 한국의 운동권 내부에서 돌아다니던 각종 팸플릿 따위를 읽었다.

그런 와중에 1987년의 민주화가 도래했다. 1980년대에 퍼졌던 혁명이론과 부합하지 않는 사태가 벌어진 셈이었다. 주변부 자본주의, 신식민지 국가독점자본주의(또는 종속파시즘), 식민지 반자본주의 어느 이론에서도 혁명세력이 정권을 장악하지 않고서는 민주주의가 수립될 수 없다고 했었다. 그런데 그런 주장과 달리 '혁명 없는 민주화'라는 현실이 눈앞에 나타난 것이다. 심각한 충격이 밀려왔다.

게다가 1980년대말과 1990년대초에 걸쳐 소련과 동유럽체제가 붕괴해버렸다. 소련과 동유럽의 현실에 어느정도 문제가 있는 줄은 알고 있었으나 이렇게 아예 붕괴해버릴 줄은 몰랐다. 주사파만큼은 아니지만 PD파 역시 현실의 변화발전을 따라잡지 못하고 있었던 것이다. 그들 사회에서 민주적 사회주의로의 발전이 가능하지 않겠느냐고 막연하게 생각하던 나에겐 또다른 충격이었다.

그런 참에 일본 토오꾜오대학에 1년간 체재할 기회가 있었다. 예전에 토오꾜오대학은 맑스주의자들의 본산이었으므로 그들이 소련·동유럽체제의 붕괴를 어떻게 받아들이는지 보고 싶었다. 하지만 신통한 것은 없었다. 일본의 맑스 학계는 이미 한물간 상태라 양로원 비슷했다. 사회주의를 계속 신봉하는 학자들 중에서도 사회주의가 어떻게 지속 가능하게 움직일 수 있는지 설득력있게 제시하는 경우를 찾을 수 없었다. 인센티브(동기부여) 및 경제활동조정 메커니즘이 제대로 작동하지 않는 사회주의의 한계를 확인한 셈이었다.

결국 1987년 민주화와 소련·동유럽체제 붕괴로 인해 나는 PD로부터도 멀어졌다. 먼 훗날 생산기술의 발전과 인간성의 변화로 바람직한 사회주의가 실현 가능할지도 모르겠다. 하지만 가까운 장래에 사회주의를 위한 실천을 추구하겠다는 생각은 버렸다. 대신에 현존하는 경제체제 중 사회주의적 평등 이념을 자본주의적 효율성과 가장 잘 결합한 북유럽체제를 일단 목표로 삼기로 했다. 물론 북유럽사회 그대로를 한국에 이식할 수는 없다. 다만 작동하는 기본원리를 받아들이자는 것이다. 그리하여 나는 1980년대 식으로 말하자면 '혁명노선'을 포기하고 '개량노선'으로 나아간 셈이다.

그런데 사실은 예전부터 맑스 이론의 주요 명제에 대해 의문을 가질 수밖에 없는 나의 현실적 경험이 쌓여 있었다. 그중 가장 중요했던 게 회사생활이었다. 이런 게 누적되어 그리 오랜 시간 소요하지 않고 PD로부터도 거리를 두게 된 셈이다. 아마도 PD파 학자들이 맑스 이론을 고수하는 데에는 회사생활 같은 현실경험의 부재도 작용하고 있는 게 아닌지 모르겠다.

물론 맑스의 사상과 이론에는 참고할 부분이 적지 않았지만, 예컨대 "만국의 노동자여 단결하라"라는 유명한 『공산당선언』 구절은 내가 부딪힌 현실과 너무 달랐다. 미국 노동자와 한국 노동자의 이해관계가 일치하지 않음은 말할 것도 없고, 한국 내 노동자의 이해관계도 분열되어 있었던 것이다. 대학 졸업 후 잠깐 재벌기업에 취직해 소속 공장에 실습을 나간 적이 있었다. 당시 그 공장에선 화이트칼라와 블루칼라의 식당이 나뉘어 있었다. 밥 먹는 것 갖고도 화이트칼라와 블루칼라를 차별했던 것이다.

뿐만 아니라 블루칼라 사이에도 묘한 차별이 존재했다. 공장현장에서도 방직기가 돌아가는 작업현장과 현장사무실이 구분되어 있었다. 작업현장은 시끄러운 방직기 소리로 견디기 힘든 반면에, 서류정리를 하는 현장사무실은 훨씬 나은 형편이었다. 어떤 여공이 현장사무실에 근무하다가 작업현장으로 옮기게 되자 너무도 가기 싫어했던 게 기억난다.

'자본↔노동'의 대립구도에만 주목하는 우리 진보파는 노동자 사이의 이런 차별이나 자본가 사이의 차별 즉 재벌과 중소기업 사이의 억압·수탈관계를 소홀히 한다. 한진중공업 사태에서도 조남호 회장과 정규직 노조의 대립에만 관심을 가졌지 먼저 잘려나간 수천 명의 비정규직은 도외시했다. 하지만 대중의 삶에 절실하게 다가오는 것은 '자본↔노동'의 대립구도 못지않게 노동자 사이, 자본가 사이의 문제였다. 특히 대부분의 블루칼라 노동자들이 다 힘들었던 시기를 지나 거대기업 정규직과 비정규직(및 중소기업 노동자) 사이의 격차가 심화되고, 재벌의 국민경제 지배력이 커지면서 그런 차별이 더 부각되었다.

게다가 한국경제의 위상도 예상 외로 높아져갔다. 이제는 구매력

기준의 1인당 GDP로 볼 때 한국은 이딸리아나 뉴질랜드와 비슷한 선진국이 된 것이다. 실제 산업구조나 소비수준 면에서도 그들에 뒤지지 않는다. 물론 삶의 질 면에서 지금의 한국은 결코 바람직한 선진국은 아니다. 하지만 선진국의 수탈 때문에 한국 같은 후진국은 선진국과 같은 풍요를 누릴 수 없는 숙명이라던 옛날 이론들 자체가 도리어 폐기되어야 할 운명에 처한 것이다.

이런 변화된 현실 속에서 NL파와 PD파의 대다수는 나와 마찬가지로 1990년대 이후 사고를 바꾸었다. 일반시민으로 돌아가거나 시민운동을 이끌어가거나 제도정치권에 참여했다. 제도정치권의 경우에는 새누리당에 소속된 인물들도 있고, 민주통합당에 소속된 인물들도 있다. 하지만 박노자 교수나 오세철 교수처럼 사회주의사상을 고수하고 있는 인물도 있다. 또 과거 NL이나 PD의 사고에서 크게 달라지지 않은 인물들은 민주노동당, 진보신당, 그리고 나중에는 통합진보당 쪽으로 모여들었다. 물론 통합진보당에는 유시민과 같은 자유주의자도 소속되어 있다.

사회주의를 지향하더라도 민주주의 질서를 위배하지 않는 한 문제될 게 없다. 비록 틀린 꿈이라고 생각할지라도 남에게 꿈을 버리라고 강요해서는 안 된다. 우리 헌법에도 사상과 양심의 자유는 보장되어 있다. 더구나 사회주의의 이상 자체는 아름다운 것이었다. 다만 이들이 주장하는 사회주의가 어떻게 작동 가능한지에 대해 논의를 심화시켜주면 좋을 텐데, 그렇게 하지 않은 것은 아쉬운 부분이다. 물론 이런 종류의 활발한 토론을 위해선 국가보안법이 개정되거나 철폐되어야 한다.

NL과 PD의 거듭나기

정작 심각한 문제는 NL이나 PD 식의 사고를 여전히 고수하고 있는 사람들이 개인적인 의사표명 차원이 아니라 현실정치의 장에 뛰어들면서 발생했다. 대중과 접촉하고 공개적인 정당활동을 수행하면서 자신들의 사고에 대해 검증을 받게 된 것이다. 과거 운동권 시절에 자기들끼리 학습하고 토론하던 방식과 전혀 다른 소통방식의 필요성이 생겨났다. 조직과 의사결정 방식에서도 변화가 요구되었다. 독재정권 탄압하의 폐쇄적인 조직과 독단적인 의사결정이 공개적이고 민주적인 과정을 밟을 수밖에 없게 된 것이다.

사회주의를 주장하는 PD 쪽은 상대적으로 문제가 덜했다. 현재의 한국 자본주의체제를 폭력적으로 전복하겠다는 것이 아니고 미래의 지향점으로 사회주의를 내걸고 있는 정도였기 때문이다. 게다가 PD 쪽 정치인들은 사회주의보다 사회민주주의 쪽으로 사상이 점점 바뀌어가고 있는 모습이다. 반면에 NL 쪽 특히 주사파 NL은 난처한 입장에 처하게 되었다. 미래의 지향이 아니라 현재 북한체제를 어떻게 보는가, 그리고 그 북한체제와 어떤 관계를 맺어야 하는가의 문제를 해명하지 않으면 안 되었기 때문이다. 게다가 엄존하는 국가보안법이 자유로운 의사표명과 토론도 방해하고 있다.

2012년 총선과 관련된 통합진보당 사태는 바로 이런 사정에 기인하고 있다. 거기다 예전 민주노동당 때부터 자행된 이른바 구당권파의 패권적 행태나 민주노동당 간부의 북한 공작원 접촉사건 등이 사태를 키우는 역할을 했다. 하지만 언젠가는 터질 사건이 터졌다고 봐야 한다. 잘 처리된다면 진보파가 거듭나는 계기가 될 것이고, 그렇지 않으면 한동안 진보파 전체의 타격이 심상찮을 것이다.

통합진보당 뒤처리 과정에서 온통 부정적인 면만 나타나고 있는 것은 아니다. 긍정적 변화의 조짐도 있다. NL이 대중적 검증과정에서 주체사상이나 북한체제에 대해 고민하고 반성하는 계기가 된 것이다. 예컨대 구당권파의 이상규 의원은 북한 인권, 3대세습, 북한 핵에 대해 TV토론에서는 발언을 피했으나, 그에 대해 비판이 쏟아지자 이후 자신의 입장을 피력했다.

즉 북한 인권문제에 대해선 "새터민이 속출하는 걸 보면 분명히 문제가 있는 것"이라 했고, 3대세습에 대해선 "국민의 시각에서 봤을 때, 당선인 이상규를 포함해 북의 체제를 이해하고 납득할 수 없다"라고 답했다. 북한 핵에 대해서도 "북한 핵도 반대한다. 하지만 우리가 북한의 핵을 무력으로 없앨 순 없다. 북미 대화와 6자회담을 통해 처리돼야 한다"고 말했다(『중앙일보』 2012. 5. 25). 이쯤 되면 주사파가 아니라 건전한 상식을 가진 평화론자의 입장이 된 것이다. 이러한 변화가 NL 내에서 확산되어간다면 진보파는 바람직한 방향으로 진화하는 셈이다.

해방 후 오늘에 이르기까지 지속된 진보파의 커다란 두 갈래인 NL과 PD는 이제 변화된 현실에 걸맞게 거듭나야 한다. 그것은 민족모순과 계급모순을 재구성하는 데서 출발해야 한다. 그러려면 NL과 PD의 비합리적 부분은 과감히 버리되 합리적 핵심은 계승 발전시켜야 한다. NL 특히 주사파NL의 비합리적 부분이란, 북의 항일무장투쟁 역사에 너무나 감동해서 분별력을 잃고 오늘날 북한체제의 시대착오성을 인정하지 않는 것이다. PD의 비합리적 부분이란 오늘날 사회주의혁명의 비현실성을 인정하지 않는 것이다.

반면에 NL의 합리성이란 민족문제에 대한 고민이다. 이는 우선 민족 내부에서는 남북한 사이의 분단모순을 극복하려고 노력하는 자세다. 물론 그렇다고 적화통일론이나 북진통일론 같은 역시 시대착오적인 방식으로 분단모순을 해결하려는 것이어선 안 된다. 남북한 사이에 평화협력을 발전시킴으로써 북한이 시장경제와 민주주의를 도입해나가도록 해야 한다. 그래서 단·중기적으로는 북한이 베트남이나 중국 식 모델을 수용할 수 있는 여건을 조성해야 하지 않을까 싶다.

그리고 한민족과 미국의 관계에서는 미국의 요구에 일방적으로 끌려가는 것이 아니라 자주성을 확대해나가야 한다. 한국은 미국의 식민지가 아니다. 따라서 한국의 정권이 이라크 파병 때처럼 북한 폭격의 위험성 때문에 미국의 부당한 파병 요구에 복종하는 게 아니라, 한국이 적극적으로 나서서 북한과 미국의 관계개선을 이끌어내야 한다. 북핵은 당연히 철폐되어야 하지만, 그 철폐를 한국의 대미 협상카드로도 활용할 수 있어야 한다. 예컨대 북한이 핵을 철폐하도록 남한이 적극 나설 테니 미국은 개성공단 제품을 한국산으로 인성하라고 요구할 수도 있다. 1인당 GDP가 선진국 수준에 도달한 처지이므로 경제 면에서도 한미FTA 때처럼 미국에 굴종적인 태도를 취해서는 안 된다.

PD의 합리적 핵심은 계급·계층문제에 대한 고민이다. 한국이 자본주의 사회인 이상 자본과 노동 사이의 모순은 필연적이다. 여기에 대해 사회적 약자인 노동자의 인권을 보장하기 위해 노력하는 게 PD적 문제의식의 표출이다. 또 일터의 노동자만이 아니라, 노동자로 길러지는 양육 및 교육 과정 속의 인력, 일터에서 일시적으로 이탈한 실직자, 경제활동에서 은퇴한 인력에 대해서까지 제대로 배려하는 사회가 되도록 해야 한다. 그게 복지의 확대·강화다.

그리고 오늘날 한국사회는 자본과 노동 사이의 모순이라는 원론적 접근만으론 해결할 수 없는 중층적인 모순구조로 신음하고 있음을 이해해야 한다. 한편으로 자본 사이 즉 재벌과 중소·중견기업 사이, 다른 한편으로 노동자 사이 즉 거대기업 정규직과 비정규직(및 중소·중견기업 노동자) 사이에도 심각한 모순구조가 존재하는 것이다. 아울러 자본가와 노동자의 성격을 겸비한 수많은 영세자영업자가 과도한 생존경쟁에 내몰리는 심각한 현실이 펼쳐지고 있다. 공공부문 노동자의 경우 고용안정성이 높으면서도 그런 점을 제대로 감안하지 않은 높은 임금수준이 유지되는 현실이 사회적 위화감을 증대시킨다. PD적 문제의식의 발전이란 이런 뒤엉킨 모순에 대한 해법을 찾아서 실천하는 것이다.

일제강점기의 항일투쟁이나 광복 이후 독재시기의 민주화투쟁에서 진보파는 사회주의 또는 주체사상이라는 급진적 사상을 받아들였다. 그런 사상들을 통해 투쟁조직을 단련하고 체계화했던 것이다. 이 점에서 급진적 사상들은 나름대로 의미가 있었다고 할 수 있다. 그러나 문제는 일제지배나 독재체제로부터 벗어난 뒤에도 과거의 사상들을 그대로 이어갔다는 점이다. 강을 건너는 데 도움을 준

뗏목이 고맙다고, 강을 건너고 나서 뗏목을 짊어지고 가는 셈이다. 이제 그런 짐에서 해방되어야 한다. 시대착오적이기 때문이다. 다만 NL과 PD의 진보적 사상에는 발전적으로 계승할 부분도 있다. 민족문제와 계급·계층문제에 대한 비판의식이다. 그것을 현실에 맞게 응용하되 낡은 사고틀은 과감히 버려야 한다.

10

현실과 유리된 진보파

　IMF 금융위기 이후 신자유주의가 화두로 등장했다. 그리하여 많은 진보파들은 김대중정권과 그후의 정권을 모두 신자유주의 정권으로 규정하고, '신자유주의 반대'를 중요한 구호로 삼았다. IMF 금융위기를 맞아 IMF가 사실상 한국경제를 좌지우지하게 되었는데, IMF는 규제완화·감세·민영화를 중심으로 하는 신자유주의의 전도사이므로 한국경제는 신자유주의의 지배하에 놓이게 되었다고 생각한 것이다.

　이런 규정엔 부분적 진실이 담겨 있다. 외환 및 자본 자유화 정책이나 1987년 이후 갑자기 강력해진 노동조합에 대한 자본의 반격이 거기에 해당한다. 하지만 정부 정책을 신자유주의라는 보자기로 덮어버리면 비어져나오는 부분이 너무 많다. 그리고 김대중·노무현정권과 이명박정권의 차별성도 눈에 띄지 않는다. 내가 진보파의 신자유주의론에 대해 비판적 문제제기를 꾸준히 해온 것은 이 때문이었다.

신자유주의 타령을 넘어

우선 IMF 금융위기 직후의 대표적인 정부 정책인 기초생활보장제도, 재벌개혁, 빅딜의 성격을 따져보자. 복지체제가 극도로 미비한 우리에게 서구의 신자유주의에서와 같은 복지정책 공격이란 있을 수 없는 일이었다. 과도한 복지가 아니라 과소한 복지가 문제였기 때문이다. 그래서 IMF 금융위기 이후 급증한 실업에 대처하기 위해 기초생활보장제도와 고용보험 등 사회안전망을 강화하는 복지주의정책이 시행되었던 것이다. 박정희정권의 개발독재시대에 자리잡은 재벌체제를 개혁하는 것 역시 신자유주의로 규정될 수는 없다. 과잉채무를 정리하고 총수의 책임을 강화하는 정책은 개발독재 즉 중상주의를 탈피하는 자유주의로 불려야 마땅했다. 여기서 자유주의는 신자유주의와 구별하기 위해 구(舊)자유주의로 지칭할 수도 있겠다. (구)자유주의에는 중상주의적 독점과 특권을 배제하는 긍정적 요소가 포함된 반면에, 신자유주의에는 자본을 위해 노동을 공격하는 부정적 요소가 강하다. 그리고 빅딜처럼 정부가 재벌들로 하여금 강제로 사업조정을 하게 하는 것은 과거 개발독재시대의 수법이었다.

요컨대 IMF 금융위기 이후엔 신자유주의를 포함해 (구)자유주의, 복지주의, 개발독재라는 네가지 이념·정책이 각축전을 전개했다고 봐야 한다. 1970년대 이후 서구에서 신자유주의가 복지주의에 대항해서 부상한 것과는 다른 특수성이 한국사회에는 존재하는 것이다. 한국 자본주의 발전의 역사가 서구의 경우와 다르기 때문이다. 서구에서는 대체로 중상주의 이후 자유주의가 한참 지속된 다음 복지주의가 등장하고, 그리고 그에 대한 반동으로서 영국의 새처주의 같은 신자유주의가 전개되었다. 반면에 우리 경우엔 일종의 중상주의 단계인 개발독재에서, 자유주의, 복지주의, 신자유주의 단계가 한꺼번에 중첩되고 있다. 한국경제가 압축적 불균등 발전을 겪고 있기 때문이다.

한국의 많은 진보파는 이런 특수성을 인식하지 못한다. 왜 그럴까. 우선 한국 지식사회의 지적 사대주의에서 원인을 찾을 수 있다. 한국의 보수적 지식사회나 진보적 지식사회나 모두 서구의 강력한 영향하에 놓여 있다. 전자는 서구의 주류 지식사회, 후자는 비주류 지식사회의 영향하에 있다는 점이 다를 뿐이다. 게다가 한국의 진보파는 구체적 현실을 제대로 들여다보지 않는다. 즉 그들은 서구 비주류의 신자유주의론을 한국현실과 제대로 대조해보지 않은 채 직수입한 그대로를 현실에 덮어씌우는 것이다.

이리하여 많은 진보파는 김대중정권이나 노무현정권이나 이명박정권이나 모두 신자유주의로 규정함으로써 '그놈이 그놈이다'라는 단순논리에 빠지고 말았다. 그리하여 정권들의 정책 차이를 외면함은 물론이고, 정책의 성격도 바르게 파악할 수 없었다. 예컨대 이명박정권의 4대강사업은 개발독재시대의 전형적인 정책인데도 신자유주의라고 파악하는 어이없는 일이 벌어지기도 했다.

이게 너무 억지라는 생각이 들었는지 일부 진보파는 나중에 '토건형 신자유주의' 또는 '권위주의적 신자유주의'라는 용어를 만들어냈다. 하지만 굳이 이렇게까지 신자유주의라는 규정에 집착해 형용모순적 용어를 사용할 이유가 없다. 사용할 이유가 없을뿐더러 사용하면 헛발질을 하게 된다. 한국에선 개발독재, 자유주의, 복지주의, 신자유주의가 각축을 벌이고 있고, 이명박정권은 개발독재와 신자유주의 쪽에 상대적으로 더 경도되었다고 하는 게 맞을 것이다.

또 IMF 금융위기 이후 모든 정권이 신자유주의라고 하면 진보파의 갈 길은 군사독재시대처럼 오직 투쟁만이 정답이다. 새누리당보다는 그래도 상대적으로 진보적이고 개혁적인 민주통합당에 대해 '일면 연대, 일면 투쟁' 같은 유연한 전술이 들어설 여지가 없다. 신자유주의론적 사고에 사로잡힌 진보파의 선거전술은 2010년 지방선거 이전까지는 대체로 그렇게 경직적이었다.

진보파 특히 노동운동권이나 진보정당들은 평상시 정치에서도 오랫동안 '신자유주의 반대'를 주요 구호로 내걸었다. 무릇 구호란 긍정적인 지향을 담을수록 성공 가능성이 높은 법이다. 그런데 신자유주의론이 유행하면서 '신자유주의 반대'라는 무성격 구호로 대중을 획득하려고 한 것이다. 도대체 그런 구호로 어떤 사회를 목표로 하는지 알 수가 없었다. 자본주의를 타도하자는 것인지 개혁하자는 것인지, 그리고 만약에 개혁하자고 한다면 어떤 자본주의를 지향하는 것인지 종잡을 수 없었다. 아마도 사회주의를 바로 내걸 수 없어 그 대안으로 신자유주의 반대를 채택한 흐름이나, 구조조정이 곧 신자유주의라고 생각해서 반대한 흐름 등이 합쳐지지 않았나 싶다. 여기에 비춰볼 때 요즘 진보파에서 신자유주의 반대에 그치지 않고 '복지사회'라는 목표를 제시하게 된 것은 상당한 진전인 셈이다.

그런데 사실 신자유주의라는 용어 자체도 큰 문제를 안고 있다. 대중을 소외시키는 용어이기 때문이다. 예전에 비해 많이 퍼지기는 했으나, 그래도 대중은 여전히 이게 뭔지 잘 모르며 기껏해야 뭔가 나쁜 거라고 어렴풋이 느낄 뿐이다. 상당수 경제학자들에게도 신자유주의란 말은 생소하다. 게다가 '신'이나 '자유'라는 좋은 어감의 말로 나쁜 대상을 표현하는 것은 언어의 정치적 효과에 둔감한 소치다. 이렇게 대중과 유리된 용어를 마법의 주문처럼 남용한 결과 진보파 스스로 대중으로부터 소외당했다.

물론 대중이 쉽게 이해하지 못하는 말이라도 써야 할 때가 있다. 갖가지 금융용어들이 그렇다. 하지만 정권의 성격 규정처럼 대중을 결집시킬 힘이 되어야 할 용어 선택은 신중해야 한다. 신자유주의라고 비판하는 '무분별한' 민영화, 대외개방, 규제완화 같은 것은 시장만능주의라고 일컫는 게 훨씬 빨리 감이 온다. 황금만능주의처럼 ○○만능주의란 뭔가를 절대시한다는 걸 금방 알 수 있기 때문이다. 그리고 신자유주의는 진보파가 비판하는 'neo-liberalism'의 번역어인 셈인데, 'neo-liberalism'과는 달리 미국의 뉴딜과도 통하는 'new liberalism'도 번역하려면 신자유주의라고 할 수밖에 없다. 이런 혼동을 피하기 위해서도 'neo-liberalism'과 같은 뜻인 'market fundamentalism'을 우리 식으로 번역한 시장만능주의가 더 적합한 용어다. 시장근본주의 또는 시장지상주의라고 번역할 수도 있겠으나, 이왕이면 대중의 귀에 더 잘 들어오는 용어가 나을 것이다.

단어 하나가 뭐 그리 중요하냐고 반론이 제기될 수도 있겠다. 하지만 2007년 대선을 돌이켜보자. 당시 이명박후보에 대한 공격초점은 BBK사건이었다. 그런데 뭐가 뭔지 도대체 알기 힘든 그런 이슈보다 그전에 부각되었던 '위장취업' 문제가 대중적 충격이 훨씬 컸다. 수백억원 이상의 재산가인 이후보가 자녀들을 자기 회사에 유령직원으로 등재해놓고 월급을 주어 매달 수백만원을 빼돌린 '치사한' 행태에 대해선 분노가 쉽게 파급되는 것이다. BBK와 위장취업이라는 단어 중 어느 쪽이 더 빨리 감이 오는가. 대선을 지휘한 한나라당 핵심인사도 위장취업 사건 때가 가장 큰 위기였고, BBK 이슈가 그걸 대체하자 안심했다고 나중에 고백한 바 있다. 이슈가 집약된 게 단어며, 그 단어의 정치적 효과를 우습게 보면 대중을 사로잡을 수 없다.

또한 신자유주의란 용어에서는 시장과 시장만능주의의 구별이 선명하게 드러나지 않는다. 그래서 신자유주의에 반대한다고 하니까 그러면 시장에 반대한다는 거냐고 반론을 제기하기도 하는 것이다. 실제로 신자유주의 비판론 중에는 시장원리를 과도하게 부정하는 경우가 많다. 물론 시장의 불완전성과 폭력성을 시정하는 일은 대단히 중요하다. 그래서 시장만능주의를 벗어나 시장경제와 민주주의를 병행 발전시켜야 하는 것이다. 그러나 그렇다고 경쟁에 의한 효율이라는 시장의 긍정성을 무시해서도 안 된다.

한국사회는 시장만능주의를 극복하는 '진보의 과제'와 더불어 공정한 시장경쟁을 발전시키는 '개혁의 과제'도 필요로 한다. 여기서 개혁의 과제란 한편으로 자본 사이의 공정경쟁을 위한 재벌개혁과 다른 한편으로 거대기업 정규직과 비정규직(및 중소기업 노동자) 사이의 부당한 차별을 바로잡는 노동시장개혁이 바로 그것이다. 우리 진보파는 개혁과제를 외면하는 경우가 적지 않고 심지어 개혁을 신자유주의로 매도하기도 한다. 시장과 시장만능주의를 제대로 분별하지 못하는 신자유주의론에 사로잡혀 시장의 긍정적 기능을 소홀히 생각한 탓이다. 게다가 상대적으로 특권적인 거대기업 정규직 중심의 노조 조직과 연결된 일부 진보파의 존재도 이런 오류의 한 원인이 아닌가 싶다.

장하준 교수 비판

장하준(張夏準) 교수는 한국 대중에게 널리 알려진 진보파 경제학자다. 그의 책 『그들이 말하지 않는 23가지』(2010)가 선풍적 인기를 끈 바 있다. 재미가 있고 문체도 경쾌했다. 그리고 이 책의 내용 중에는 나 역시 동의하는 부분이 적지 않았다. 우선 시장만능주의의 폐해에 대한 지적을 들 수 있다. 또한 불균형적으로 발달한 금융부문에 대해 뭔가 조치를 취해야 한다는 주장에도 많은 사람들이 동의할 것이다. 복지의 중요성에도 고개를 끄덕이지 않을 수 없다. 이처럼 그의 논리는 꽤 괜찮은 내용들을 담고 있지만, 여러 가지 큰 문제점도 내포하고 있다. 그중 일부는 우리 사회 진보파의 한계이기도 하므로 그냥 지나칠 수 없다. 장교수의 다른 글들도 곁들여서 검토해 보자.

첫째로, 사실의 왜곡이다. 그는 책에서 아프리카 사하라 이남 지역의 연평균 1인당 소득 성장률이 1960~70년대에는 1.6퍼센트로 나쁘지 않았는데, 1980~2009년엔 0.2퍼센트로 나빠졌다고 한다. 1980년대 이후론 IMF 등의 요구로 자유시장과 자유무역 정책을 취했기 때문이라는 것이다. 그런데 통계를 찬찬히 뜯어보면, 이 지역은 1973~74년의 석유파동과 그에 따른 세계불황의 여파로 1980년대가 아니라 이미 1975년부터 해당 성장률이 떨어졌다. 1975~79년엔 -0.4퍼센트였던 것이다. 1980~2009년의 모습도 똑같은 게 아니다. 1990년대 후반부터는 사정이 나아져 1995~2009년의 해당 성장률은 2.3퍼센트였다. 이전의 이른바 '자유시장 노선'이 별로 달라지지 않은 것 같은데도 말이다.

사실 그의 다른 책 『사다리 걷어차기』(2004)를 보면 이 지역 저소득국 그룹의 1960년대 해당 성상률이 1.7퍼센트이고 1970년대는 0.2퍼센트로서 이미 1970년대부터 성장률이 나빠졌다. 중소득국 그룹의 경우에도 나빠진 건 마찬가지였다. 그는 자신이 이전에 인용했던 통계와도 부합하지 않는 주장을 펴고 있는 셈이다. 왜 이리 허술할까. 그건 현실을 꼼꼼히 들여다보지 않고 논리를 현실에 덮어씌우기 때문인 듯싶다. 시장만능주의를 만병의 근원으로 생각하고 이것을 모든 환자에게 다 적용하는 꼴이다.

장교수의 자의적 수치 해석은 사하라 이남의 성장률 경우만이 아니다. 그는 미국의 연평균 1인당 소득 성장률이 1960~70년대엔 2.6퍼센트였는데, 주주자본주의가 득세하게 된 1990~2009년엔 1.6퍼센트로 하락했다고 한다. 그러나 주주자본주의와는 거리가 먼 일본의 해당 성장률도 1950~73년엔 8.1퍼센트였으나 1973~98년엔 2.3퍼센트로 급감했다. 그후엔 1퍼센트도 될까 말까 했다. 서유럽도 마찬가지로 4.1퍼센트에서 1.8퍼센트로 급락했다. 그러니까 미국경제의 성장률 하락과 주주자본주의를 곧바로 연결짓는 건 무리인 셈이다. 그의 논법대로라면 일본과 서유럽이 주주자본주의가 아니기 때문에 성장률 급감을 겪었다는 주장도 가능하다.

GM 파산을 주주자본주의 탓으로 설명하는 장교수의 논법도 설득력이 약하다. 이에 대해 일각에서 GM노조의 문제를 지적하자, 그는 노조문제도 있지만 주주자본주의가 가장 크게 작용했다고 한다. 그런데 '가장 크게 작용했다'라는 게 무엇인지 해명하지 않다가, 나중에 『무엇을 선택할 것인가』(2012)에서 다음과 같이 주장했다. GM의 자회사인 GMAC라는 금융회사의 손실이 GM을 망하게 했다는 것이다. 그런데 이는 사실을 제대로 따져보지 않은 잘못된 인과관계 설명이다. GM은 2005년부터 경영이 크게 어려워졌고, 그래서 GMAC로부터 엄청난 지원을 받았다. 2006년에는 그것만으로도 부족해 GM은 아예 GMAC의 많은 지분을 매각하고 지배주주의 지위에서 벗어났다. 그러니 GMAC가 GM을 궁지에 몰아넣었다기보다는 GM이 GMAC마저 어렵게 했다고 봐야 한다. 다만 2008년 금융위기 이후엔 두 회사가 서로를 힘들게 만들기는 했다. GM 경영의 어려움에 대한 일반적 설명은 다음과 같다. 일본 차에 대비한 품질의 열위, 퇴직직원까지 포괄하는 과중한 의료비 부담, 차종 구성의 오류, 임금과 생산성의 불일치가 그 원인이라는 것이다. 이런 여러 요인을 꼼꼼히 살펴보는 대신에 장교수는 주주자본주의라는 한마디를 만능의 칼처럼 휘두르는 셈이다.

또 주주자본주의가 다른 요인을 압도하는 결정적 변수라면 주주자본주의의 모델인 GE의 건재를 설명할 수 없다. 장교수는 GE 회장이었던 잭 웰치가 주주자본주의를 비판했다는 걸로 여기에 답한다. 하지만 이는 올바른 답이 아니다. 잭 웰치의 발언은 퇴임 이후였고 재직 중에 경영방침을 크게 바꿨다는 이야기를 들은 바 없다. 그리고 그는 주주자본주의를 무조건 부정한 게 아니라 단기적 수익지표에 과도하게 집착해서는 안 된다고 말했다. 주주 특히 소액주주가 기업발전에 장애를 초래한다는 장교수의 극단적 주장에 접하면 잭 웰치는 쇼크를 받지 않을까 싶다.

요컨대 장교수는 경제현실의 인과관계를 시장만능주의 또는 주주자본주의라는 개념으로 과도하게 단순화해버렸다. 시장만능주의와 주주자본주의를 '프로크루스테스의 침대'처럼 다룬 셈이다. 그리고 그러면서 사실들을 자의적으로 왜곡했던 것이다. 이런 식으로 설명하면 대중들에 대한 호소력은 커지지만 그건 기만에 가까운 행태다. 모든 것을 좌파 탓으로 돌리는 한국의 한심한 수구적 보수파나, 제국주의의 지배에서 벗어나기만 하면 만사형통이라는 예전 종속이론의 오류가 바로 이런 단순논리에 있다. 한국의 진보파들이 '신자유주의 반대' 타령에 몰두했던 것도 장교수와 마찬가지 오류였다. 경제든 교육이든 아무 데서나 신자유주의 운운했다. 그런데 교육계의 부패나 체벌이 신자유주의 문제인가.

둘째로, 장하준 교수는 한국 현실 특히 재벌과 재벌개혁론에 대해 잘못 알고 있다. 그는 『프레시안』 인터뷰(2011.1.4)에서 삼성문제와 관련해 "경영권 세습을 용인할 테니 노동조합을 인정하라. (…) 이 사회의 40퍼센트 정도를 정부, 노동조합, 시민단체 등에 할당해 사회의 감시를 받아라"고 권고했다. 이 무슨 뜬금없는 이야기인가. 이미 특검 기소에 대한 2009년의 법원 판결로 삼성총수의 경영권 세습 문제는 사실상 끝났다. 그저 총수 자녀 사이의 영역 다툼이나 이건희 회장 형제 사이의 소송문제가 남아 있을 뿐이다. 노조 인정 등 다 좋은 말이지만 우선 상황파악부터 제대로 했으면 좋겠다.

또다른 인터뷰에서, 그는 2008년 4월 이건희 회장의 '대국민 사과 및 경영퇴진 성명'에 대해 "삼성가문 측에서는 드디어 기업집단을 해체하겠다는 거잖아요"라고 했다(『한국 사회와 좌파의 재정립』, 2008). 하지만 그 성명 어디에도 그런 내용은 없다. 물론 삼성가문이 그럴 의도도 없었으며, 예상했던 대로 나중엔 성명서의 약속조차 지키지 않았다. 경영퇴진 약속조차 뒤집은 것이다.

장교수의 재벌관은 그의 주주자본주의관과 관련이 있다. 그는 주주자본주의에서 중시되는 주주, 특히 소액주주에 대해 배당의 극대화 등 기업의 발전을 저해하는 요구만 하는 '악'이라고 규정한다. 그래서 "기업은 소유주 이익을 위해 경영되면 안 된다"라는 장(章) 제목까지 달았다. 그렇다면 그가 원하는 기업체제에선 소유주들이 기업을 소유할 이유가 없게 된다. 자신들의 이익을 위해 경영되는 게 아니니까. 그리해서 주주, 특히 소액주주는 모두 기업을 떠나야 마땅하다. 그의 주장에 따르면 결국 주식시장엔 사망선고가 내려진다.

이게 그가 추구하는 바인가. 아니면 자신의 논리가 어떤 결론을 가져오는지를 생각해보지 않았단 말인가.

『무엇을 선택할 것인가』에서 장교수는 주주자본주의의 폐해를 강조하려고 또 사실을 왜곡한다. 그는 삼성전자 같은 큰 상장회사들의 주주 배당성향을 시장개혁(아마도 IMF 금융위기를 의미하는 듯함) 이전과 이후로 구분해서 비교했다. 주주 배당성향은 주주배당액을 당기순이익으로 나눈 값이다. 당기순이익 즉 처분 가능한 이익 중에서 투자로 돌리지 않고 배당으로 돌린 금액의 비율이 높아졌다는 걸 보여줘야 주주자본주의의 폐해가 드러나는 셈이 된다. 하지만 그렇게 통계를 잡아보니 원하는 결과가 나오지 않았다. 그러자 당기순이익이 아닌 영업이익을 계산 기준으로 삼았다. 앞의 아프리카 예에서 그랬듯이 원하는 결론을 위해 자료를 조작한 셈이다.

나는 주주의 이익만을 중시하는 주주자본주의보다 모든 기업관련자들을 균형적으로 배려하는 이해관계자 자본주의를 선호한다. 하지만 일반주주를 악으로 취급하는 장교수의 주주배척론 역시 잘못된 것이다. 그리고 소액주주, 특히 한국의 소액주주는 그의 생각만큼 그렇게 힘이 세지 않다. 기껏 시민단체가 소액주주의 지분을 모아 소송을 걸 수 있을 뿐이다. 장부 조작하고 회사 돈 빼돌리는 총수를 고발하는 시민단체 활동이 뭐가 잘못됐다는 말일까.

기업경영에 대해 그나마 발언권을 행사하는 건 기관투자가 정도인데, 한국에선 이것도 거의 불가능하다. 기관투자가들이 자신과도 거래하는 재벌의 눈치를 보기 때문이다. 2006년에 금호그룹이나 2010년에 현대그룹이 무리하게 각각 대우건설과 현대건설을 인수하려 했을 때 기관투자가들이 도대체 손쓸 수 있었는가. 장교수는 소액주주들이 배당성향을 높이도록 요구한다고 하지만, 적어도 한국에선 소액주주가 그럴 힘도 없고 배당금보다 주가차익에 훨씬 관심이 많다. 주가가 빠질 것 같으면 그냥 팔아치운다. 그리고 배당성향도 극소수 예외기업을 제외하곤 오늘날보다 1970년대에 더 높았다. 1970년대에 41퍼센트였던 상장기업 배당성향이 2011년엔 25퍼센트였던 것이다. 삼성전자의 2011년 배당성향은 6퍼센트에 지나지 않았다. IMF 금융위기 이후 주주자본주의가 자리잡음으로써 배당성향이 높아져 투자재원이 모자라 성장동력이 떨어졌다는 장교수의 주장은 사실이 아닌 것이다. 실제 투자상황을 보더라도 투자를 제대로 못하고 있는 것은 외국인 주주가 많은 재벌기업이 아니라 중소중견기업들이다.

주주자본주의에선 주주를 위해 기업이 노동자를 함부로 해고한다고 장교수는 주장한다. 그러나 그가 주주자본주의라고 주장하는 요즘 한국에선 오직 일반주주들 압력 때문에 경영상황이 그리 심각하지 않은데도 노동자를 대량해고한 사태는 없다. 오히려 박정희나 전두환 때 더 함부로 노동자의 목을 쳤다. 장교수는 재벌개혁 운동이 주주자본주의를 부추기는 효과를 초래했다고도 했다. 그러나 총수에 의해 깡그리 무시당한 일반주주에게 정당한 권리를 찾아주자는 게 주주만의 이익을 추구하는 주주자본주의와 무슨 관련이 있단 말인가. 박정희나 전두환 같은 독재자에게 짓밟힌 노동자의 권리를 찾아주자고 하면 프롤레타리아독재를 하자는 거냐고 몰아치던 수구적 보수파와 마찬가지 논법이다. 노동자들의 정당한 권리 인정이 노동자 독재추구가 아닌 것처럼, 주주들의 정당한 몫을 인정하는 것이 주주만의 이익추구는 아니다.

한국은 장교수의 주장처럼 주주자본주의가 아니라 총수자본주의 사회다. 회사 재산이 지배주주인 총수의 호주머니 쌈짓돈 비슷하게 취급되며, 일반주주나 종업원은 총수의 이익에 기여하는 한에서만 고려대상이다. 근래 소액주주의 소송권이 어쩌다 행사되고는 있다. 하지만 그걸 두고 주주자본주의라 부른다면 1990년대 이후 개선된 재벌 정규직 처우를 근거로 정규직자본주의라고 부르는 게 차라리 더 그럴듯하다. 물론 총수의 막강한 권한을 생각할 때 주주자본주의나 정규직자본주의나 모두 부적절한 개념이다. 장교수는 서구와 다른 한국현실을 잘 모르며, 서구이론에 나오지 않는 한국적 개념 적용의 필요성을 깨닫지 못하는 것이다. 서구와 달리 잊을 만하면 터져나오는 총수 비리를 보라. IMF 금융위기 이후 외국펀드가 인수한 일부 금융기관에서 주주자본주의라 할 만한 현상이 나타나기는 했으나, 그건 한국 기업의 일부에 지나지 않는다. 그걸로 한국경제 전체를 싸잡아서는 안 된다.

장하준 교수는 참여연대에 대한 공격에서 재벌들과 보조를 맞췄다. 아마도 참여연대가 외국자본과 한통속이 아닌가 하는 의심이 작용한 듯싶다. 그러나 이는 그가 삼성문제를 헛짚었듯이 참여연대 활동도 제대로 따져보지 않은 결과다. 총수비리를 문제삼는 소액주주권을 행사하고자 참여연대가 소송에 필요한 지분을 모은다든가 할 때 외국자본이 참가한 경우는 있다. 그러나 이는 어디까지나 참여연대가 주체였지 외국자본의 지시를 따른 것은 아니다. 또 론스타가 외환은행을 인수한 게 잘못되었음을 지적한 게 바로 참여연대에서 분가해 재벌·금융개혁에 집중하고 있는 시민단체인 경제개혁연대다.

물론 장교수 말마따나 정체가 불분명한 외국투자자가 우리 기간산업을 함부로 주무르는 건 좋지 않다. 외국자본에 대한 우상숭배는 곤란하다. 그렇다고 정반대로 외국자본을 마녀사냥할 필요도 없다. 외국자본은 우리가 주체적 선별적으로 활용해야 한다. 더욱이 민족주의 감정을 이용해 부패하거나 무능한 '재벌총수' 문제를 덮어선 안 된다. 그것은 '재벌기업' 나아가 한국사회의 발전을 위협하기 때문이다. 또 총수문제를 덮으면 오히려 재벌기업의 부도확률을 높여 외국자본에 기간산업을 잘못 넘겨줄 수도 있다.

장교수는 재벌의 총수체제를 개혁하면 재벌이 주주자본주의의 화신인 외국금융자본에 넘어간다고 한다. 적화통일의 위협으로 박정희 독재체제를 옹호하던 것과 비슷한 논법이다. 재벌개혁이란 총수의 소유권을 무조건 박탈하자는 게 아니다. 총수의 부당한 그룹지배력 부분을 해소하고, 그걸 국민연금 등 한국의 기관투자가를 통해 보완하면 된다. 그러면 재벌을 외국금융자본에 넘기기 않으면서 개혁을 수행할 수 있다.

장교수는 "재벌의 긍정적인 면을 인정하면 삼성 응원단이냐"고 자신의 입장을 변호하며 재벌개혁론을 반박했다. 그런데 소수의 극좌파를 제외하면, 정도의 차이는 있지만 재벌의 긍정적인 면을 인정하지 않는 재벌개혁론자는 없다. 이는 그가 재벌개혁론자들의 글을 제대로 읽지 않았다는 증거다. 재벌은 긍정적인 면과 부정적인 면을 공유한 야누스의 얼굴 같은 존재다. 재벌개혁론자들은 재벌의 긍정적인 면은 살리되 부정적인 면을 극복하고자 한다. 즉 성장의 주체라는 면은 살리고, 재벌총수의 부패와 무능이라는 부분과 재벌이 사회를 오염시킴으로써 시장의 공정성을 해치는 부분을 바로잡고자 하는 것이다.

셋째로, 장교수는 한국사회가 진보의 과제만이 아니라 개혁의 과제도 안고 있다는 사실을 거의 무시한다. 그는 복지확대를 주장하는 면에선 진보파다. 그러나 재벌개혁 운동을 왜곡 비난해온 점에선 수구파에 가깝다. 수구적 진보파인 셈이다. 그는 정치적 독재 빼고는 국가와 재벌이 짝짜꿍이 되었던 박정희시대가 너무나 좋은 시대였다고 생각하는 것 같다. 그러나 중상주의적 박정희시대의 국가 역할을 인정하더라도, 바람직한 선진국을 지향하는 오늘날엔 진보뿐만 아니라 박정희시대의 잘못된 유산에 대한 개혁의 중요성도 간과해선 안 된다.

물론 박정희시대의 개발독재 유산을 극복한다고 해서 시장만능주의로 나아가서는 안 된다. 장교수는 경제개혁론자들을 시장만능주의로 매도한다. 하지만 이는 박정희 식 개발독재 아니면 시장만능주의밖에 없다고 하는 편협한 사고의 산물이다. 박정희 식과는 다른 방식으로 국가가 시장에 개입해야 한다. 복지주의적 국가의 역할은 두말할 필요도 없이 중요하다. 금융, 노동, 환경과 관련된 국가의 규제는 과거에 비해 더욱 강화되어야 한다. 중소중견기업을 보호·육성해야 하고, 기초 인프라 발전 차원에서 국가가 연구개발(R&D) 투자에 나서야 할 경우도 있고, 구조조정 등을 위한 정책금융의 중요성도 사라지지 않았다. 하지만 박정희시대처럼 국가가 자원배분을 지배하면서 특정기업에 특정산업 진출을 강요하던 것과 같은 방식은 이제 시대착오적이다. 추격(catch-up) 성장단계가 끝나면서 관료가 산업발전을 선도하던 시대도 끝났기 때문이다. 이런 예전 방식을 고집하기 때문에도 장교수는 수구파에 가까운 셈이다. 지식·정보 면에서 전반적으로 민간이 관료를 능가하고 있음을 인식해야 한다.

장교수는 재벌이 한국사회를 지배하는 문제에 별 관심이 없다. 재벌이 정계·관계·법조계·학계·언론계를 오염시키고 그로 인해 기업 사이에 불공정경쟁이 지속되는 현실이 눈에 잘 들어오지 않는다. 1987년 민주화 이후 재벌의 힘은 점점 커져 시장경제와 민주주의를 위협할 지경에 이르렀다. 이제는 급진좌파보다 재벌이 훨씬 강력한 반체제사범이라 할 수 있을 정도다.

선진국이라고 기업이나 국가에 문제가 전혀 없지는 않다. 그러나 장교수도 지지하는 북유럽을 보라. 한국만큼 국가가 부패하고 시장이 불공정한 경우가 어디 있는가. 그와 내가 바라는 복지사회를 위해서도 진보만이 아니라 개혁이 필요하다. 증세를 통한 복지확대가 국민적 설득력을 가지려면 국가가 비효율적이고 비민주적이어서는 안 된다. 그리고 거대기업 정규직과 비정규직(및 중소기업 노동자) 사이의 부당한 격차라는 노동시장의 불공정문제에는 복지확대를 통한 실질임금 격차 해소가 현실적 처방이다. 진보와 개혁의 이러한 상호보완 관계를 간과하지 말아야 한다.

재벌에 경영권 세습을 인정해주되 그 댓가로 증세하자는 장교수의 제안은 가능하지도 바람직하지도 않다. 재벌들이 콧방귀를 뀌니 가능하지 않다. 또 부당한 경영권 세습마저 인정해 IMF 금융위기 때처럼 경영능력을 검증받지 않은 재벌총수 3, 4세가 기업과 나라 경제를 위태롭게 할 수 있으므로 바람직하지도 않다. 오히려 재벌을 개혁해 재벌의 부당한 사회지배력을 약화시켜, 복지국가를 위한 증세가 가능하도록 해야 한다.

11
한국사회의 모순과 진보의 길

한국은 선진국인가

 한국은 1인당 소득이나 산업구조 면으로 보면 이미 선진국 반열에 올라섰다. 이게 무슨 황당한 소리냐고 어이없어할 사람이 많을 것이다. 보수파는 국민을 더 채찍질하려고 선진국론을 부정한다. 선진국이란 말을 들으려면 1인당 GDP가 적어도 3~4만 달러는 되어야 한다고 주장한다. 반면에 진보파는 진보파대로, 한국처럼 문제투성이인 나라에 대해 어찌 선진국이란 좋은 어감의 단어를 적용할 수 있겠느냐고 생각할 것이다. 그러나 너무 자학하지는 말자.
 2011년 한국의 1인당 명목 GDP는 2만 4천 달러지만, 구매력으로 따지면 3만 2천 달러다. 같은 구매력 기준(purchasing power parity)

으로 우리가 일반적으로 선진국이라고 여기는 나라들과 비교해보자. 미국과 스웨덴은 각각 4만 8천 달러, 4만 1천 달러로 우리보다 꽤 높다. 하지만 독일, 영국, 프랑스, 일본은 각각 3만 8천 달러, 3만 6천 달러, 3만 5천 달러, 3만 4천 달러로 조금 높을 뿐이다. 또 스페인, 이딸리아, 뉴질랜드는 각각 3만 1천 달러, 3만 달러, 2만 8천 달러로 우리보다 도리어 낮다.

그동안의 압축적 고도성장으로 1인당 소득 면에서 한국의 세계적 위상이 비약한 것이다. 실제 선진국에서 생활하는 사람들의 이야기를 들어보면 한국의 소비수준이 그들에 비해 별로 떨어지지 않는다. 전자제품 A/S, 깨끗한 공중화장실, 인터넷 써비스 등 소비자의 관점에서 유럽보다 크게 앞선 부분도 널려 있다. 산업구조 면에서도 한국은 선두그룹에 속한다. 메모리반도체, 휴대폰, 자동차, 조선, 철강, 석유화학 등 주요 제조업 부문에서 한국은 대체로 5위 이내의 세계시장 섬유율을 확보하고 있다. 그러니 200여개 국가 중 G20에 끼어들게 된 것이다.

그러나 삶의 질은 GDP만으로 결정되지 않는다. 범죄율, 교통사고율, 공해, 노후안정, 사회갈등, 문화수준, 정치적 자유 등 여러 요인이 작용한다. GDP 이외에 이런 것들의 상황도 좋아져야 국민이 행복해지고 '바람직한' 선진국이 되는 것이다. 예컨대 미국은 1인당 GDP는 높으나 인구 대비 수감자 수는 다른 선진국의 5배 정도로 많으니 바람직한 선진국이라 할 수 없다. 한국도 1인당 GDP 면에선 선진국 수준이지만 총체적 삶의 질에선 많은 문제를 안고 있다. 바람직한 선진국이 아니라 문제투성이 선진국인 셈이다.

앞으로도 한국에선 경제성장이 불가결하다. 일부 생태주의자들처럼 경제성장에 반대하는 경우가 있기는 하다. 그들의 고상한 뜻에는 동의할 수 있다. 하지만 도인의 삶을 추구할 수 없는 일반대중에게 풍요로움을 증대시키는 성장을 도외시하라는 건 무리한 요구다. 물론 물질적 풍요가 인간의 진정한 행복으로 이어질 수 있도록 노력할 필요는 있다. 또 20세기 초반의 아르헨띠나처럼 선진국 반열에 올랐다가 미끄러진 사례를 보더라도 현실에 안주할 수는 없다. 경제가 침체를 계속하면 2012년 현재 실업률이 대공황기 미국 수준의 25퍼센트까지 올라간 스페인처럼 위기상황에 직면할 수도 있다.

재벌-수출 주도의 성장모델 쪽에서 예컨대 중소중견기업-내수-남북한협력 주도의 성장모델 쪽으로 옮겨가는 것이든 무엇이든 새로운 성장모델도 필요하다. 복지강화의 경우에도 도덕적 해이를 초래할 수 있는 복지보다는 가족, 교육, 고용 면에서의 성장친화적 복지에 역점을 두어야 한다.

하지만 성장만능주의 시대가 끝났다는 점도 깨달아야 한다. 한국도 다른 선진국처럼 저성장 또는 중성장 단계에 들어선 것이다. 1960~80년대에 누렸던 8~9퍼센트의 경제성장률이 3~5퍼센트로 떨어졌다. 높은 성장률로 다른 사회문제를 덮어버릴 수 없게 된 것이다. 자본 면에선 산업구조가 성숙함으로써 새로운 성장산업을 찾기가 힘들어졌고, 노동 면에선 고령화가 급진전하고 있는 탓이다.

따라서 성장을 무시하지 않되 이제는 총체적 삶의 질 문제를 따질 때가 된 셈이다. 사람 사는 세상 어디라고 걱정거리가 없을 수 있겠느냐만, 세계 최고 수준의 자살률에서 드러나듯 바람직한 선진사회로 나아가기 위해 시정해야 할 한국사회의 모순은 심각한 상태다. 그 모순은 경제적·정치적·문화적 차원에서 다양한 형태로 존재하겠으나, 경제적 모순을 중심으로 보면 '고단함, 억울함, 불안함'이라는 세가지 키워드로 요약할 수 있다.

고단함, 억울함, 불안함

'고단함'이란 생산과정에서 나타나는 문제다. 생산과정에는 한편으로 재화와 써비스를 생산하는 과정과 다른 한편으로 그 생산에 투입되는 노동력을 생산해내는 과정이 포함된다. 한국인들의 삶은 이런 두 생산과정 속에서 '요람에서 무덤까지' 고단하다.

우선 남보다 우월한 듯이 보이는 노동력을 생산하려고 어릴 때부터 지옥 같은 수험경쟁에 시달린다. 사실 이런 높은 교육열이 배출해낸 대량의 우수한 노동력이 우리 경제성장의 견인차였다. 그러나 과도한 수험경쟁 탓에 인격함양이나 창의력과는 거리가 먼 문제풀이 기술 중심 교육이 계속되고 있다. 그리하여 공교육이 허물어지는 가운데 군비경쟁과 마찬가지로 낭비적인 사교육이 기승을 부리고 있다. 게다가 선진국 모방성장이 끝나가는 오늘의 한국에선 창의력을 억압하는 교육이 경제성장에도 유해하게끔 되었다.

80퍼센트라는 세계적인 대학진학률에서 보듯이 교육의 고단함은 전국민적 고단함이다. 굳이 대학 가야 할 필요가 있을지 의문인 학생들도 너나 할 것 없이 대학으로 몰리니 학생 자신이 고단하고 부모두 고단하다. 하층가정은 말할 것도 없고 중산층가정도 자식교육 뒷바라지하느라 살림에 핍박을 받고 가족의 즐거움 따위는 내팽개친다. 기러기 가족이라는 현상을 어느 다른 나라에서 찾아볼 수 있겠는가.

대학 들어가서도 낭만을 향유하고 큰 뜻을 기르는 게 점점 힘들어지고 있다. 대졸자가 늘어난 반면에 그들이 선호하는 '괜찮은 일자리'는 크게 줄어 대학이 취업학원으로 변모해가기 때문이다. 그리해 학생들은 스펙 쌓고 학점 세탁하고 각종 고시 준비하기 바쁘다.

취직해서도 고단함은 계속된다. 한국의 노동시간은 과거에 비해 다소 줄기는 했으나 2010년 현재 연 2,200시간 정도로 OECD 국가 평균 1,750시간에 비해 약 450시간 더 길다. 또한 늙어서도 쉬지 못하고 일하는 노인 비율 역시 엄청나게 높다. 2009년 현재 65세 이상 노인고용률이 30퍼센트로서 OECD 평균인 9퍼센트의 3배 이상이다. 물론 건강한 고령자가 경제활동에 참가하는 것 자체가 나쁘지는 않다. 하지만 한국에선 생계유지가 힘들어 무리하게 나이 들어서까지 일하는 경우가 적지 않으니 문제인 것이다. 산업재해로 인한 사망자 비율도 OECD 내에서 가장 높은 편으로 다른 선진국의 3배에 달한다.

'억울함'은 1차 분배과정의 문제다. 우리가 분배를 논할 때에는 시장참여자들 사이의 거래를 통해 이뤄지는 1차분배와, 1차분배 이후 국가기구 등을 통해 이뤄지는 비(非)시장적 분배인 2차분배로 구분해야 한다. 여기서 억울함이란 시장에서의 1차 소득분배가 사회적 가치 창출에 대한 기여에 걸맞게 공평하게 이루어지지 않는 문제다. 재벌거대기업이 독점력으로 중소중견기업을 부당하게 억압하는 시장구조 탓에 재벌거대기업은 살찌는 데 반해 중소중견기업은 근근이 버티고 있다. 납품단가를 후려치고, 중소중견기업 기술을 탈취하고, 리베이트를 강요하고, 총수 친인척이 사업영역을 침범하니 구미 식의 공정한 경쟁이든 일본 식의 온정주의적 동반성장이든 어느 쪽도 자리를 잡지 못하는 형편이다.

그리하여 중소중견기업이 대기업으로 성장하는 경우는 기적에 가까운 예외에 속한다. 그들 사이에 넘기 힘든 분단의 장벽이 있는 셈이다. 1993년 6만개 가까운 중소제조업체 중 10년 후인 2003년에 종사자 500인 이상의 대기업으로 성장한 사례가 고작 8개에 불과하다는 사실이 이를 웅변한다. 또한 1990년대 이후로는 경제의 허리에 해당하는 중견기업(종업원 200~499인)의 비중은 줄어든 반면, 영세기업(종업원 10~19인)과 소기업(종업원 20~49인)의 비중은 크게 늘어 양극화가 심화되었다.

기업 사이의 이런 억울함과 더불어 노동자 사이에도 불공평한 대우라는 억울함이 존재한다. 공무원과 공기업 종사자의 대우는 일부 민간 거대기업에는 못 미치지만 다른 선진국에 비하면 상대적으로 높은 편이다. 그래서 과장된 표현이긴 하지만 '신이 내린 직장' 운운하게까지 된 것이다. 비슷한 능력을 보유한 사람들 사이에서 직업의 안정성이 높은 경우에는 소득수준이 낮아야 공평한 법인데, 87년체제에서 강해진 관료 및 공공 부문의 세력 탓에 이런 왜곡이 발생하고 있다.

민간 거대기업 정규직과 비정규직(및 중소중견기업 노동자) 사이에도 부당한 격차가 존재한다. '동일노동 동일임금'의 원칙이 작동하지 않는 것이다. 능력이나 근속연수 같은 개인적 특성을 제외하고 민간 거대기업 정규직이 대략 20퍼센트의 임금을 더 받는 걸로 추정된다. 그리고 2005년 한국에서 임금 상위 10퍼센트 평균은 하위 10퍼센트 평균의 4.5배로서, 그 차이는 북유럽의 2.2~2.6배는 물론 OECD 평균 3.4배보다도 훨씬 컸다.

노동능력에 따른 합리적 격차에 대해선 사람들이 납득하지만, 운이나 '빽'이나 조직력에 의한 격차에 대해선 억울함을 느끼지 않을 수 없다. 자동차공장에서 오른쪽 바퀴를 장착하는 정규직과 왼쪽 바퀴를 장착하는 비정규직 사이에도 엄청난 차별이 존재하기까지 했다. 법원의 불법판정으로 인해 이런 노골적인 사례는 줄어들었으나, 업무를 구별함으로써 부당한 격차를 은폐하는 형태로 바뀌었을 뿐이다.

1987년 민주화 이전엔 화이트칼라와 블루칼라 사이에 넘기 힘든 신분적 차별이 존재했다. 그 둘은 명찰이나 출입 식당이 다르기까지 했다. 87년체제에선 그런 차별이 약화되고, 대신에 거대기업 정규직과 비정규직(및 중소중견기업 노동자) 사이의 신분적 차별이 심화되었다. 힘들고 위험한 일은 주로 비정규직이 담당한다. 일하는 공간이 다른 경우에는 그런 차별을 간과할 수도 있겠으나, 함께 일하는 정규직과 비정규직 사이의 차별은 견디기 어려운 일일 것이다. 이 때문에 근래 터져나오는 노사갈등의 많은 부분은 비정규직 문제였다.

영세자영업자 역시 비정규직만큼은 아니더라도 억울함 또는 답답함을 느끼고 있을 것이다. 대기업들이 구멍가게 상권까지 넘보고 대기업 정규직이 노동귀족 같은 행태를 보이고 있기 때문이다. 영세 자영업자는 자본가와 노동자의 양면적 성격을 갖는데 그 양면에서 모두 억울한 처지에 있는 셈이다. 그리고 과거에 비해 줄기는 했으나 여전히 계속되는 투기와 부패에 따른 불로소득 역시 대중의 박탈감을 불러오고 있다.

'불안함'은 2차 분배과정 곧 재분배(복지)의 문제다. 이전의 고성장 단계에서는 성장 자체가 복지문제를 은폐했다. 국민의 생활수준이 전반적으로 급격하게 향상되어갔으므로 미래에 대한 기대감이 불안감을 압도했던 셈이다. 그러나 고성장 단계가 끝나고 중성장·저성장 단계로 접어드는 모습을 보이면서, 그에 걸맞은 사회안전망의 미비가 불안감을 확산시키고 있는 것이다.

핵가족화에 따라 가족복지가 해체되면서 그를 대신할 사회복지의 미비에 따른 노인층의 불안이 특히 심각한 사회문제를 야기하고 있다. 자식 뒷바라지 탓에 저축한 재산은 변변찮은 반면에 연금제도는 아직 불충분한 상태에 머물러 있는 것이다. 그리하여 2010년말 한국 노인의 빈곤율(중위소득의 절반 이하)은 47퍼센트로 OECD 평균인 17퍼센트의 3배에 육박하고, 한국 전체 인구 빈곤율인 14퍼센트의 3배를 초과한다. 독거노인의 경우는 더욱 심각해 빈곤율이 77퍼센트에 이른다. 때문에 노인 자살률이 젊은이의 3배가 넘고, OECD 평균의 5배에 이르고, 20년 전에 비해 5배 이상 급증한 것이다.

자녀 장래에 대한 불안과 아동복지의 미비로 합계출산율은 세계 최저수준인 1.2명 정도다. 쌍용자동차나 한진중공업 등에서 구조조정 반대 결사투쟁이 일어난 것도 북유럽 복지국가와 달리 실업수당 제도와 재취업지원 제도가 미비하다는 불안요소가 영향을 미친 것이다. 그리하여 복지에 대한 갈망은 빈곤층에 국한되지 않고 중산층에서까지 폭넓게 나타나고 있다. 중산층도 언제 하층으로 전락할지 모르는 불안감을 안고 있기 때문이다.

한편 고단함, 억울함, 불안함은 경제적 차원에서만 발생하는 게 아니다. 남북한의 긴장관계 탓에 고단한 병영생활을 거쳐야 하며, 종교적·양심적 병역거부자는 감옥행이다. 이명박정권하에서 진행된 민주주의 후퇴로 '미네르바' 사건처럼 억울하게 구속되는 일도 발생하고, '유전무죄 무전유죄'라는 말처럼 검찰과 법원에서 억울한 처우를 받는 일도 흔하며, 진보개혁세력은 보수수구언론에 의해 억울한 중상모략을 당하기 일쑤다.

그리고 양극화가 심하고 복지가 취약하니 치안이 불안해 아파트를 선호하고, 고급아파트에선 이중삼중의 안전장치를 마련한다. 부자들도 불안한 것이다. 광우병 같은 일로 인해 먹을거리에 불안을 느끼고, 아이들이 학교에서 왕따나 폭력에 시달릴까 불안하기도 하다. 김대중·노무현정권의 '햇볕정책'을 걷어찬 이명박정권의 '비바람정책'으로 인해 남북관계 역시 연평도 포격 같은 준전시사태까지 발생해 국민 전체가 불안함을 떨칠 수 없게 되었다.

결국 고단함, 억울함, 불안함은 우리 사회의 총체적 모순의 산물인 셈이다. 다만 이런 모순을 얼마만큼 심각하게 인식하고 또 어떤 데서 해법을 찾는가는 사람들의 가치관과 이해관계에 따라 달라진다. 그런 차이가 '진보↔보수' '개혁↔수구' '남북한 평화협력↔남북한 긴장대결'이라는 3차원의 주요 대립전선을 만들어낸다.

　진보니 보수니 하는 따위의 이념 대립을 넘어서 통합으로 나아가야 한다는 말을 우리는 자주 듣는다. 그러나 진정한 통합이란 차이에 따른 대립을 무조건 덮어버림으로써 가능한 게 아니다. 그것은 기존의 지배질서를 온존시키려는 의도에 지나지 않을 수 있다. 서로의 대립지점과 옳고 그름을 분명히 하고, 양립 가능한 대립과 해소해야 할 대립을 구분해야 한다. 그런 점에서 한국사회의 대립전선을 확인하는 것은 바람직한 선진사회로 나아가기 위해 필수불가결한 과제다.

한국사회의 3차원적 대립전선

　정치를 하면 무얼 먼저 하겠느냐는 제자의 질문에 일찍이 공자는 "반드시 이름을 바로잡겠다. (…) 이름이 바르지 않으면 말이 순조롭지 않으며, 말이 순조롭지 않으면 일이 이루어지지 않는다(必也正名乎… 名不正則言不順 言不順則事不成)"(『논어』 '자로편')고 답했다. 오늘의 한국 현실에서도 바로 그에 해당하는 경우가 적지 않다.

　재벌 개념에 대한 혼란으로 재벌개혁의 원칙과 방향성이 갈팡질팡하고 있다. 친북이니 종북이니 하는 애매한 용어를 동원한 색깔론은 이성적 대화를 불가능하게 만들고 있다. 신자유주의라는 딱지 붙이기는 시장의 의의와 한계를 제대로 인식하지 못하게 한다. 흔히들 엄밀한 정의 없이 막연한 느낌만으로 사용하는 진보↔보수, 개혁↔

수구 같은 용어도 마찬가지 형편이다.

1) 진보와 보수

진보(進步)라는 글자를 뜯어보면 전진해서 나아가는 것이니, 퇴보(退步)가 그의 반대말이라고 볼 수도 있다. 보수(保守)라는 글자를 뜯어보면 뭔가를 지키는 것이니, 바꾸는 것 즉 혁신(革新) 같은 말이 그 반대말이라 할 수도 있다. 그런데 이런 정의는 일견 그럴듯하지만 현실에 적용하면 금방 난관에 봉착한다.

전진한다는 게 도대체 무언가 하는 문제다. 생산기술의 진보 같은 건 쉽게 이해가 간다. 하지만 전쟁무기 기술의 발전을 진보라 하기엔 께름칙하다. 그리고 경제가 성장하면서 인간관계가 메말라지는 것은 진보인가 퇴보인가. 또 보수가 지키려고 하는 게 도대체 뭔지가 분명해져야 그 개념이 현실적합성을 갖는다. 우리나라에서 영리병원을 인정하지 않는 기존의 의료정책을 고수하는 걸 보수라고 부를 수 있겠는가. 일본이나 구미의 사전들을 들춰보아도 혼란스럽기는 마찬가지다. 따라서 기존 정의들의 합리적 핵심을 발전시키되 실천적 목적의식을 전제한 새로운 개념정의가 필요하다.

우선 '진보=좌파' '보수=우파'라는 등식에서 출발해보자. 남북한이 대치하는 한국에선 좌파라면 북한체제를 동경하는 '빨갱이'를 연상시킨다. 때문에 많은 진보파는 좌파라는 용어의 사용을 기피한다. 그런가 하면 좌파를 자처하는 일부 진보파는 오히려 북한체제에 대해 강력하게 비판하기도 한다. 반면에 보수파는 진보파를 빨갱이와 동일시하고자 좌파라는 용어를 즐긴다. 남북대치 상황에서 '진보=좌파' 개념의 복잡성을 말해주는 셈이다.

　남북한의 적대관계가 해소되고 나면 좌파라는 용어를 훨씬 자유롭게 사용할 수 있겠으나, 그 이전에는 좌파라는 용어의 사용을 어느 정도 자제할 수밖에 없는 상황이다. 다만 서구 용어법에서의 좌파는 한국에서 진보파에 해당하고 우파는 보수파에 해당한다는 점을 인정해야 한다. 서구에서 사민당처럼 좌파정당으로 지칭되는 게 한국에서는 진보파고 기민련 같은 우파정당은 보수파이다.

　근대사회에서 진보파(좌파)와 보수파(우파)의 구분은 경제활동을 조절하는 기본적인 두 축인 '시장'과 '국가'의 상대적 양(量)에 관한 것이다. 진보파는 시장보다 국가를 더 선호하며 보수파는 그 반대다. 국가가 자원배분에 적극적으로 개입해 세금을 많이 거둬 그것으로 복지를 강화하자는 게 진보파고, 그 반대로 세금과 복지지출을 줄이자는 게 보수파다.

　다만 시장과 국가가 일정 비율 이상이면 보수고 그 이하면 진보라든가 하는 식으로 구분되는 건 아니다. 진보라는 이름이 붙은 정당만이 진보파 정당인 것도 아니다. 다른 이념과 정파에 대비한 상대적 개념이다. 민주통합당이 새누리당보다는 진보적이고 통합진보당보다는 보수적이라는 식으로 나누어지는 셈이다. 국가로 따지자면 오늘날 자본주의 중에선 북유럽이 가장 진보적인 반면에, 미국은 유럽보다 보수적이다. 그리고 미국 내에선 민주당이 공화당보다는 진보적이다.

　나아가 '진보↔보수'를 근대사회를 넘어 인류사회 전반에 적용하면 어찌 될까. 진보파는 사회적 약자를 대변하며 사회연대(공생),

경제적 평등, 분배, 민주성, 정치적 자유를 강조하는 데 반해, 보수파는 사회적 강자를 대변하며 자기책임(경쟁), 경제적 자유, 성장, 효율성, 정치적 질서를 강조한다. 인간본성으로 따지자면 진보파는 모성(母性)과 음(陰)에 가까우며, 보수파는 부성(父性)과 양(陽)에 가깝다. 어미는 못난 자식이 더 안타까운 반면 아비는 잘난 자식을 편애하기 쉽다. 이건 남녀 '차별'적 인식이 아니라 모성과 부성의 '차이'에 관한 사실 인식이다.

'진보↔보수'를 우리 사회의 고단함, 억울함, 불안함과 관련시켜 보면, 우선 진보파는 이런 문제들을 보수파보다 상대적으로 더 심각하게 받아들인다. 그리고 인성교육과 노동시간 단축을 강조하고, 불안함을 해소하기 위한 복지확대에 적극적이다. 반면에 보수파는 교육과 산업에서의 경쟁력을 중시하고, 복지확대에 따른 개인의 도덕적 해이를 우려한다.

개인과 사회가 건전하게 발전하려면 진보적 논리와 보수적 논리가 균형을 이뤄야 한다. 한국에서 진보파와 보수파는 상대를 악으로 규정하는 경향이 강하다. 그러나 양자는 선악이 아니라 조화로운 균형을 달성해야 하는 관계고 그게 바로 음양의 조화다. 건강한 인간 상태를 나타내는 음양화평지인(陰陽和平之人)이라는 말도 있지 않은가.

진보와 보수 어느 한쪽이 지나치면 개인이나 사회가 병든다. 활력을 잃고 붕괴한 옛소련 및 동유럽 체제는 진보파 논리의 극단적 사례다. 반대로 양극화가 심해지고 금융위기가 발생한 오늘날의 자본주의는 시장만능주의라는 과도한 보수파 논리가 지배한 결과다. 한국사회는 그동안의 압축적 고도성장 과정에서 성장이데올로기가 압도했고, 남북분단으로 진보이념이 맥을 추지 못함으로써 지나치게 보수 쪽으로 기울어져 있는 셈이다.

2) 개혁과 수구

한국사회에서는 진보와 보수라는 구분과 별개로 '개혁과 수구'라는 구분도 강조될 필요가 있다. 개혁파는 근대사회의 두 축인 시장과 국가의 질을 높이려는 세력이고, 수구파는 이에 반대하는 세력이다. 시장의 질을 높인다는 것은 시장의 투명성과 공정경쟁을 발전시키는 것이고, 국가의 질을 높인다는 것은 국가의 민주성과 효율성을 높이는 것을 의미한다. 진보↔보수를 가로축(X축)에 놓는다면, 개혁↔수구는 세로축(Y축)에 놓을 수 있다. 다만 맑스의 토대-상부구조 개념이 공간적 비유이듯이, 여기서 양과 질이라는 성격이 상이한 구분을 동일한 그래프 위에서 X축과 Y축으로 설정하는 것도 설명의 편의를 위한 비유다.

근대사회를 넘어 인류사회 전반에 대해 개혁↔수구를 규정한다면, 사실과 이성에 입각하며 효율성과 민주성 모두를 해치는 사회씨스템, 예컨대 부패나 특권 구조 같은 걸 뜯어고치려는 세력이 개혁파고, 수구파는 이에 저항하는 세력이다. 조선시대 조광조(趙光祖)나 김옥균(金玉均) 같은 세력은 그런 의미에서 개혁파에 속하는 셈이다.

많은 구미 선진국에서 시장과 국가의 질이라는 개혁↔수구의 문제는 덜 심각한 상황이다. (물론 이라크 침공 같은 수구적 제국주의 행태가 존재하므로, 국제관계에서는 다른 차원의 논의가 필요하다.) 이와 달리, 후진국은 물론 한국도 수구파를 물리치고 개혁을 추진해야 바람직한 선진국으로 나아갈 수 있다. 선거 쟁점이 주로 세금과 복지지출 문제인 구미 선진국과 그렇지 않은 한국을 비교해보라. 1987년 이후 독재체제가 무너지고 민주체제가 등장했으나 이명박정권의 역주행에서 보듯이 민주체제의 기반은 아직 불완전하다. 관료나 공기업의 비효율성은 예전에 비해 개선되고는 있으나 바로잡아야 할 부분이 많다. 그리고 재벌체제의 폐해와 노동시장의 분단구조는 심각한 수준에 와 있다. 이런 것들이 억울함을 낳고 있는 셈이다.

한국사회에서 진보와 개혁은 결합적으로 추진되어야 한다. 그리고 수구를 물리치는 개혁의 과제를 위해선 개혁적 진보와 개혁적 보수 세력이 힘을 합쳐야 한다. 예컨대 덴마크나 네덜란드에서 가장 발전된 모습을 보이고 있고 유럽연합(EU) 전체가 권장하는 노동의 유연안정성(flexicurity = flexibility + security)을 보자. 노동의 유연성 강화란 생산요소로서의 노동을 필요한 곳에 유연하게 배분함으로써 경제효율을 높이자는 것이다. 그리고 노동의 안정성 강화란 노동하는 인간의 삶 즉 소득을 안정적으로 보장하자는 것이다. 그리하여 유연안정성은 경제효율과 인간 삶의 조화를 달성하고자 한다. 한국 역시 고단함, 억울함, 불안함에서 벗어나려면 이런 유연안정성 도입이 필요한데, 고용유연성과 소득안정성은 각각 노동시장의 개혁과 진보적 복지확대를 의미하는 것이다. 물론 유연안정성은 나라별로 구체적 모습이 달라질 수 있다. 예컨대 한국에서 고용은 전체적으로는 그다지 경직되지 않았다. 거대기업은 고용경직성이 강하지만 중소기업과 비정규직에 대해서는 지나치게 유연한 측면도 있다. 따라서 전체적 유연성을 높이는 일보다 거대기업 정규직의 고용경직성을 바로잡아 노동시장의 분단구조를 극복하는 데 초점을 맞춰야 한다.

그런데 한국의 진보↔보수와 개혁↔수구는 착종된 모습을 보여, 진보파가 곧 개혁파는 아니다. 앞장에서 언급한바 장하준 교수나 거대기업 노조 같은 일부 진보파는 재벌체제와 노동시장의 개혁을 거부하거나 외면하는 수구적 행태를 보인다. 주체사상파 역시 복지확대를 주장하는 점에서 진보파에 속한다고 할 수 있으나 북한체제의 개혁과 개방에 반대하는 수구파다. 비례대표 선출을 둘러싸고 민주주의를 훼손한 통합진보당의 행태 역시 수구적이다. 반면에 보수파 중에서도 국가와 시장구조의 개혁에 적극적인 개혁적 보수파가 있을 수 있다. 이를테면 새누리당 내의 소수 쇄신파가 지향하는 바가 여기에 가깝다.

흔히들 진보와 보수를 넘어서 상식이 통하는 사회를 만들자고 주장한다. 진보파와 보수파의 극단적 대립에 대한 피로감의 표현이다. 아울러 이는 진보↔보수라는 구분과는 별개로 상식이 통하는 사회를 만들기 위한 개혁의 필요성을 드러내는 말이기도 하다. 따라서 한국사회에서 진보↔보수의 대립지점을 진보 쪽으로 일정하게 이동해서 상호간에 적절한 균형을 갖게 하는 한편으로, 개혁↔수구 사이에선 수구를 타파하고 개혁으로 나아가야 한다. 그게 역사발전이다.

3) 평화협력과 긴장대결

개혁↔수구와 더불어 한국사회에서 특수하게 나타나는 또다른 대립전선은 분단모순에서 유래한다. '남북한 평화협력↔남북한 긴장대결'이라는 대립전선이 바로 그것이다. 김대중·노무현정권의 햇볕정책과 이명박정권의 비바람정책이 각각을 대표하는 셈이다.

이 대립전선은 진보↔보수 및 개혁↔수구의 대립전선과 그대로 겹치지는 않는다. 그림에서 보듯이 Z축이라는 새로운 대립축이 필요한 것이다. 남북한 평화협력에 찬동하는 보수파가 있는가 하면, 진보파 중에서 수구적인 주체사상파 역시 남북한 평화협력에 적극적이기 때문이다.

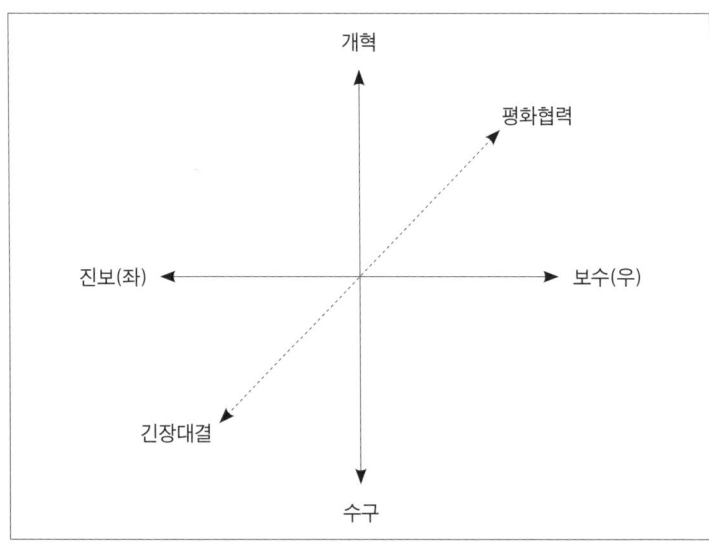

한국사회의 이념·정책지형

그리고 X축과 Y축 각각에도 다양한 스펙트럼이 존재하듯이, Z축 내에서도 입장이 여러 가지로 달라진다. Z축의 긴장대결 쪽에는 평양으로 탱크를 몰아 북진통일해야 한다는 극단적 입장이 있는가 하면, 차마 그 정도까지는 아니더라도 '통중봉북(通中封北)' 운운하면서 북한을 고립시키려는 이명박정권도 있다. 평화협력 쪽에도 남북한 통합의 속도를 둘러싼 견해 차이가 있을 수 있다.

X축, Y축, Z축은 한국사회의 주요 대립전선을 용이하게 파악하기 위한 일종의 이념형(ideal type) 분석도구다. 현실은 당연히 이보다 복잡하다. 예컨대 극단적 진보나 극단적 보수가 수구적 경향을 띤다든가 하는 것은 서로 독립된 축들로는 제대로 표현할 수 없다. 그럼에도 3개의 축을 설정한 것은 '진보≡개혁≡평화' '보수≡수구≡대결'이라는 항등식이 성립하지 않는 뒤엉킨 한국의 모순구조를 분명히 하기 위해서다.

한국에선 그동안의 압축적 고도성장과정에서 보수파의 논리가 지나치게 우세했다. 아울러 근대화의 역사가 짧고 분단체제하에 놓인 탓에, 진보파든 보수파든 객관적 사실을 외면하고 비합리적 주장을 하는 경우가 적지 않았다. 게다가 분단모순을 기반으로 해서 보수파 내에서는 개혁적 보수파 대신에 수구적 보수파가 득세하고, 진보파 내에도 수구적 진보파가 존재하게 되었다. 요컨대 '보수 논리로의 편중' '진보파/보수파의 비합리성' '남북한 긴장대결'이라는 삼중의 문제점을 안고 있는 셈이다.

그러므로 한국이 북유럽 같은 바람직한 선진사회로 나아가고자 한다면 한편으로 진보↔보수의 균형을 위해 X축에서는 한국사회를 좀더 왼쪽으로 옮겨가는, 즉 복지를 확대하는 진보정책이 요구된다. 다른 한편으로 Y축과 Z축에서는 각각 위쪽으로 옮겨가는 개혁과 남북한 평화협력이 필요하다. 그렇게 일단 좌표를 옮기는 것이 전제되어야 한다. 그다음에 진보파와 보수파가 서로 정권을 주고받기도 하면서 생산적으로 경쟁해가면 되는 것이다.

2013년체제를 향하여

한국사회가 X축에서 왼쪽, Y축과 Z축에서 위쪽으로 좌표 이동하는 일은 그리 만만치 않다. 때문에 1987년 민주화 이후 25년이 흘렀는데도 고단함, 억울함, 불안함 속의 87년체제를 극복하지 못하고 있는 것이다. 아니 극복은커녕 이명박정권하에선 오히려 상황이 더욱 악화되는 퇴행현상이 나타나기까지 했다.

이런 현상은 도식적인 자본 대 노동의 계급모순이나 미제국주의의 억압이라는 민족모순으로 환원될 수 없다. 오늘날 한국사회에서는 사회주의를 현실적 대안으로 상정할 수 없는데다, 고단함 등의 문제는 근원적으론 자본-노동의 모순과 관련이 없지는 않으나 직접적으론 자본들 사이나 노동자들 사이의 모순에서 초래되고 있다. 또 미국의 존재가 제약조건이긴 하나 그와 무관하게 남북관계가 햇볕정책 쪽으로 움직일 수도 있고 비바람정책 쪽으로 움직일 수도 있는 것이다.

자본의 지배나 미국의 규정성을 감안하되, 당면한 진보·개혁·평화협력을 저지하는 주된 세력은 어디라고 파악해야 할까. 우선 이명박시대처럼 대통령과 국회가 보수·수구·대결파에 의해 장악된다면 진보·개혁·평화협력이 결정적으로 어려워진다는 걸 확인할 수 있었다. 1987년의 민주화로 대통령이 권력을 제왕처럼 독점하던 시대는 끝났으나 그렇다고 대통령과 국회의 영향력을 경시할 수는 없는 것이다.

그리고 대통령의 독재권력이 약화된 반면 과두적 지배세력이 새롭게 등장한 점을 주의해야 한다. 재벌, 거대신문, 관료, 검찰 등이 바로 그것이다. 삼성을 필두로 하는 재벌은 자금력을 바탕으로 정계, 관계, 언론계, 법조계, 학계 같은 우리 사회의 지도층에 영향을 미친다. 거대신문은 대중의 생각을 좌우하며, 관료는 축적된 실무지식으로 정책을 좌지우지하고, 검찰은 국가의 주요한 폭력기관이 되었다. 이런 과두조직들은 이념적으로 편향되어 있다. 상호간에 또는 대중으로부터의 견제가 제대로 이루어지지도 않는다. 여기에 우리 사회의 문제가 있다.

이뿐 아니라 각종 특수이익집단이 공공의 이익과 상치되는 행동을 한다. 김대중정부하에서 의약분업과 관련해 벌어진 의사들의 집단행동이 그 대표적인 사례다. 경제민주화에 큰 역할을 했던 노조도 점차 특수이익집단의 모습을 띠어가고 있다. 조직률이 60~70퍼센트에 달하는 북유럽의 노조가 공공의 이익을 충실히 반영하는 것과는 달리 10퍼센트 정도의 조직률을 가진 한국의 노조, 특히 거대노조는 자기 이익에 매몰되어 있는 것이다. 조직이란 자기 조직원의 이익을 우선하기 마련인데, 조직률이 낮으니 노동자 다수의 이익을 고려하기 힘들어진 것이다. 비정규직을 자신들 고용의 안전판으로 삼고 있으니 비정규직 문제 해결에 진정성을 가질 수 없고, 기업복지가 상대적으로 우월하니 사회복지 향상에 무관심하다. 심지어 노조 지도부와 관련된 각종 비리마저 터져나온다.

그러면 이런 보수·수구·대결세력이라는 장애물을 어떻게 돌파할 수 있을 것인가. 시민의식의 성장을 기반으로 해야겠지만, 당장의 열쇠는 정치지도부의 변화를 가져올 선거가 쥐고 있다. 진보·개혁·평화를 지향하는 세력이 정치지도부에 들어서 재벌, 보수수구언론, 검찰, 관료의 과두체제를 바로잡고 나아가 거대노조를 포함한 특수이익집단도 견제해야 한다.

한국사회를 지배하는 과두적 보수수구세력과 대결하는 것은 여간 어려운 일이 아니다. 김대중·노무현정권 모두 여기에서 실패했다. 진정성과 역량을 제대로 갖추지 못해 국민대중의 지지를 끌어들이기 곤란했기 때문이다. 게다가 거대노조를 포함해 대중의 삶과 유리된 일부 진보적 지식인들은 2013년체제로 나아가는 데 지원세력이 되기는커녕 오히려 걸림돌로 작용할 가능성이 없지 않다. 노동의 유연안정성을 수용하지 않고 관성적으로 관념적인 주장을 일삼는 이들의 자세를 보라.

이런 척박한 여건하에 2012년 4월 총선마저 보수수구세력의 승리로 귀결되었다. 보궐선거가 치러지면 앞으로 의석 구성이 변화할 수도 있겠으나, 현재 상태로선 국회와 대통령 모두를 진보개혁세력이 장악해 복지, 경제민주화, 평화협력의 2013년체제를 만들어가기는 힘들어졌다. 따라서 2013년체제 대신에 2018년체제를 기다리면서 그동안 고단함, 억울함, 불안함을 안고 가야 할 형편인지도 모르겠다.

하지만 기동전에 의해 독재체제를 민주체제로 일거에 변혁시킨 87년체제와는 달리, 2013년체제 만들기는 주요 고지를 하나하나 획득해가는 진지전이다. 최고권력 장악에만 몰두하는 게 아니라 과두적 지배세력이 차지한 여러 분야들을 바로잡아야 하기 때문이다. 따라서 총선에서 패배했더라도 대선에서 승리하면 2013년체제로 한걸음 한걸음 나아갈 수 있다.

물론 대선승리의 전망이 그리 밝지는 않다. 보수·수구·대결세력이 총선승리의 기세를 끌어가고 있고, 정치 경제 사회의 제반 영역에서 주도권을 쥐고 홍보나 조직 및 자금 면에서 압도적으로 우위에 있기 때문이다. 하지만 진보·개혁·평화세력이 진정성과 비전, 전략 면에서 거듭나 대중의 에너지를 집결할 수 있다면 승리의 가능성은 열려 있다.

특히 대중의 고단함, 억울함, 불안함을 덜어주기 위한 비전 면에서 진보·개혁·평화세력은 보수·수구·대결세력과 분명한 차별성을 보여줄 수 있다.

고단함과 관련해선 진보 교육감들의 혁신학교 정책 같은 걸 내세울 수 있다. 이는 사교육을 줄이고 공교육을 정상화하려는 진보교육감들의 대표정책이라 보수세력이 모방하기 쉽지 않다. 그러면서 학부모들의 호응도 괜찮다. 억울함과 관련해선 재벌 및 노동시장 개혁의 구체안을 제시해볼 수 있다. 예컨대 국민들의 공감대가 큰 재벌개혁 방안으로는, 재벌총수의 횡령·배임을 엄벌하기 위한 특정경제

범죄가중처벌법 강화를 필두로 재벌의 중소중견기업 억압을 해소하는 정책(공정거래법 강화와 중소기업협동조합에 대한 협상권 부여 등)이 있다. 또 비정규직의 남발과 차별에 대한 규제 강화와 더불어 노동의 유연안정성을 통한 노동시장 개혁을 주장할 수 있다.

불안함 문제에선 복지를 강화하되 아동·교육·고용에 관련된 성장친화적 복지를 우선할 수 있다. 남북한 문제를 둘러싸곤 특히 상대세력과의 차별성을 분명히 하는 게 가능하다. 이명박정권의 비바람정책을 폐기하고 평화협정을 체결하면서 개성공단을 대폭 확대하겠다고 주창할 수 있다. 그리고 안보는 원래 보수·수구·대결세력의 의제지만 천안함 진상규명처럼 오히려 평화를 제창하면서 보수·수구·대결세력의 맹점을 짚을 수 있는 의제도 없지 않다. 요컨대 진보·개혁·평화를 추상적 이념으로서가 아니라 설득력있는 구체적 정책으로 대중의 피부에 와닿도록 하는 노력이 필요하다.

진지전은 기동전에 비해 시간과 품이 훨씬 많이 든다. 그리고 노무현정권하에서 대통령과 국회를 진보·개혁·평화세력이 장악하고도 큰 의미 있는 성과를 내지 못했음을 상기한다면, 겨우 대통령 하나 장악한들 뭘 제대로 할 수 있을지 회의가 들 수도 있다. 하지만 2012년 대선마저 보수·수구·대결세력이 장악했을 때의 참담한 결과는 결코 가볍게 생각할 수 없다.

또한 과거의 오류에서 배운 바 있고 이명박정권의 실정으로부터 시민의식이 향상되었다면 노무현정권 때와 사정이 다를 수 있다. 그리고 총선패배라는 제약조건은 대선에서 승리한다 하더라도 진보·개혁·평화의제에 대한 선택과 집중을 강요한다. 그리해야 노무현정권처럼 무리한 욕심을 낼 가능성이 적어져 오히려 의미있는 실질적 성과를 거둘 수도 있다.

브라질의 룰라 전 대통령은 이것저것 많이 해서 인기를 얻은 게 아니라 보우사 파밀리아라는 빈곤가정대책 하나로 승부한 셈이었다. 마찬가지로 우리의 차기 대통령이 핵심적 진보·개혁·평화의제 몇개만 성공해도 2013년체제의 출범을 인정할 수 있지 않을까 싶다.

게다가 진보·개혁·평화는 상호보완적이기 때문에 일부 의제만 제대로 수행해도 파급효과가 커질 수 있다. 예컨대 평화협력의 진전은 비합리적 수구세력을 약화시켜 진보와 개혁의 촉매제로 작용한다. 거꾸로 진보와 개혁의 강화 역시 비합리적 대결세력을 약화시켜 평화협력에 긍정적 영향을 미친다. 군사독재 시절에 비해 진전된 김대중·노무현정권의 진보와 개혁이 햇볕정책 추진에 유리한 여건을 조성했음을 보라. 반면에 통합진보당 사태와 관련해 색깔론이 기승을 부린 것도 이명박정권하에서 보수와 수구가 강화된 결과로 볼 수 있다.

그리고 복지주의적 진보는 노동자들의 실질임금 격차를 완화시켜 자본시장과 노동시장의 불공정성을 약화시킬 수 있다. 예컨대 거대기입의 법인세와 거대기업 정규직의 소득세를 더 거둬 교육 등의 사회복지를 강화하면 노동자들 사이의 실질적 생활수준 격차가 줄어든다. 그리되면 중소중견기업 노동자들의 근속연수가 늘어나 숙련과 그에 따른 기업경쟁력이 향상되고, 그리하여 거대기업과의 협상력이 높아져 납품단가 후려치기 따위가 어려워지는 것이다. 2차 분배과정의 복지증대가 1차 분배과정의 개혁을 유도하는 셈이다.

거꾸로 시장과 국가의 자유주의적 개혁은 복지확대에 유리하다. 재벌개혁은 재벌의 사회적 지배력을 견제해 복지재원 확대를 위한 증세를 용이하게 한다. 또 국가기구의 효율성과 민주성이 향상되면 복지지출 증대에 대한 국민적 동의를 획득하기가 쉬워진다. 그리스처럼 부정부패 문제가 심각하면 복지가 지속 불가능해지는 반면, 북유럽 같은 신뢰투명사회에선 복지와 성장이 선순환을 이루어 복지가 지속 가능해지는 것이다.

요컨대 1인당 소득 면에선 선진국 수준에 올라섰으나 삶의 질을 악화시키는 고단함, 억울함, 불안함이 폭발 지경인 한국사회는 진보·개혁·평화를 통해 이런 모순을 떨쳐야 할 시점에 와 있다. 하지만 보수·수구·대결세력의 저항은 만만치 않다. 진보·개혁·평화세력이 진정성, 비전, 전략을 제대로 갖추어 한국사회에 새로운 체제의 문을 열어야 할 때다.

| 참고문헌 |

강준만 『노무현과 국민사기극』, 인물과사상사 2001.
김두식 『불멸의 신성가족』, 창비 2009.
김대중 『김대중 자서전』(전2권), 삼인 2010.
김현종 『김현종, 한미FTA를 말하다』, 홍성사 2010.
노무현 『성공과 좌절』, 학고재 2009.
노무현 『운명이다』, 노무현재단·유시민 엮음, 돌베개 2010.
도종환 외 『10명의 사람이 노무현을 말하다』, 오마이북 2010.
대통령비서실 엮음 『있는 그대로, 대한민국』, 지식공작소 2007.
문재인 『문재인의 운명』, 가교 2011.
문재인·김인회 『문재인, 김인회의 검찰을 생각한다』, 오월의봄 2011.
박신홍 『안희정과 이광재』, 메디치미디어 2011.
이백만 『불멸의 희망』, 21세기북스 2009.
이순혁 『검사님의 속사정』, 씨네21북스 2011.
이진 『참여정부, 절반의 비망록』, 개마고원 2005.
장하준 『사다리 걷어차기』, 형성백 옮김, 부키 2004.
장하준 『그들이 말하지 않는 23가지』, 김희정·안세민 옮김, 부키 2010.
장하준·정승일·이종태 『무엇을 선택할 것인가』, 부키 2012.
주대환 외 『한국 사회와 좌파의 재정립』, 산책자 2008.
참여정부 정책총서 정부운영 엮음 『진보와 권력』, 한국미래발전연구원 2011.
하태훈 외 『검찰공화국, 대한민국』, 삼인 2011.

한국의 진보를 비판한다

초판 1쇄 발행/2012년 7월 25일

지은이/김기원
펴낸이/강일우
책임편집/황혜숙
펴낸곳/(주)창비
등록/1986년 8월 5일 제85호
주소/413-120 경기도 파주시 회동길 184
전화/031-955-3333
팩시밀리/영업 031-955-3399 편집 031-955-3400
홈페이지/www.changbi.com
전자우편/human@changbi.com
인쇄/상지사P&B

ⓒ 김기원 2012
ISBN 978-89-364-8575-7 03300

* 이 책 내용의 전부 또는 일부를 재사용하려면
  반드시 저작권자와 창비 양측의 동의를 받아야 합니다.
* 책값은 뒤표지에 표시되어 있습니다.